LETTRES

SUR DIFFÉRENS SUJETS,

ÉCRITES PENDANT LE COURS D'UN VOYAGE PAR L'ALLEMAGNE, LA SUISSE, LA FRANCE MÉRIDIONALE ET L'ITALIE;

EN 1774 ET 1775.

avec des additions & des notes plus nouvelles, concernant l'Histoire naturelle, les Beaux-Arts, l'Astronomie, & d'autres matieres.

PAR

MR. JEAN BERNOULLI,

des Académies des Sciences de Berlin, de Pétersbourg, de Stockholm, de Bologne, de Lyon, & de Marseille; de la Société pour l'encouragement des Arts, de Londres; de celles des Physiciens de Dantsic & de Bâle; de l'Académie des Arcades de Rome.

Tome III.

A BERLIN,

Chés G. J. DECKER, Imprimeur du Roi. 1779.

AVERTISSEMENT.

J'ai du être fort embarraffé lorsqu'il a
été queftion de rédiger, pour la fuite de ces *Lettres*, le journal de mon voyage d'Italie, & je l'ai été réellement. J'en
avois déjà mis presque toute la fubftan-
ce dans l'ouvrage volumineux que j'ai
publié en Allemand fous la forme d'Additions à la Defcription de l'Italie de Mr.
Volkmann & loin de penfer à traduire ces
Additions, dans lesquelles j'avois fait entrer encore tant de matériaux recueillis
feulement depuis mon retour, je pou-

vois à peine me résoudre à faire usage une seconde fois, quoique dans une autre langue & dans un ordre tout différent, de ce que je puis dire avec le plus de fondement m'appartenir en quelque maniere. Outre cela je venois d'envoyer à Mr. *de la Lande* un MS. de 300 pages in folio, contenant des remarques sur son Voyage d'Italie, pour en employer ce qu'il jugera à propos dans la nouvelle édition que son libraire a annoncée, & on peut bien s'imaginer que mon Journal est entré pour beaucoup dans ces Remarques; d'autant que j'y ai omis les articles de littérature qui ont enflé si fort mes *Zusœtze*. Dans cet embarras, avec cette répugnance de reproduire à différentes réprises aux yeux du public des choses auxquelles je n'attache aucune prétention, obligé cependant de faire entrer dans ces lettres un *voyage d'Italie*, puisque le titre l'annonçoit, je n'ai pu prendre d'autre parti que de tirer de mon Journal un extrait tel à peu près que je l'envoyois effectivement à mes Amis à Bâle & à Berlin & auquel ils avoient paru prendre plaisir; d'y être très sobre sur toutes les choses décrites à satiété par d'autres voyageurs; de m'étendre un peu plus sur les collections les moins connus encore de curiosités de la Nature & de l'art, & d'appuyer à côté de cela sur trois objets encore, desquels je n'avois fait presqu'aucune mention, ni dans les *Zusætze* ni dans les Remarques que j'ai envoyées à Paris. Ces objets sont: 1°. L'*Astronomie pratique*, partie sur laquelle par devoir, comme par goût, j'ai du porter une attention particuliere. 2°. La *Musique & les spectacles*. C'est peu de chose que ce que j'ai pu en dire, mais fera peut-être plaisir à quelques Lecteurs ou Lectrices. 3°. *Quelques usages de la vie ordinaire des Italiens*. C'est très peu encore que ce que j'en rapporte, par ce que je n'ai voulu que dire que ce que j'ai observé moi-même & que je n'ai pas lu ailleurs, & les étrangers, comme on sait, ne sont pas admis à vivre fur un pied familier dans les maifons Italiennes; auffi je n'attache pas à cet article plus de prix qu'au précédent, & on ne peut y en attacher moins.

J'aurois pu à la vérité inférer dans ce volume & dans la fuite quelques *Additions* fur l'hiftoire naturelle de la partie de l'Italie que j'ai parcourue; mais n'y ayant gueres fait attention, tant par négligence que faute de connoiffances affés folides, j'aurois été réduit à peu près à extraire l'excellent ouvrage de Mr. *Faber*, qui fe trouve déjà en Allemand, en François & en Anglois, entre les mains de tous ceux qui cultivent cette belle branche des féiences. D'ailleurs Mr. *Decker*, empéché par fes devoirs d'Imprimeur du Roi, pendant les derniers malheureux troubles de l'Allemagne, de reprendre l'impreffion de ces lettres, n'a pu m'avertir que peu de femaines avant la foire qu'il en avoit recouvré le loifir & il lui importoit cependant, comme à moi, de ne pas négliger cette occafion de faire

connoître au Public que nous n'avons
pas voulu Lui en impofer par le titre des
premiers volumes & ne pas lui donner
la fuite qu'ils annonçoient. Voilà une
autre raifon pourquoi ce volume fe ref-
fent fi peu du foin & d'un certain degré
d'utilité que j'aurois voulu lui donner;
pourquoi le ftile y eft pire qu'épiftolaire;
pourquoi le volume eft un peu moins fort
que les précédens; pourquoi on y trouve des minuties, pour ne pas avouer des
inepties, que j'ai rougi, mais trop tard, de
lire imprimées &c. Je penfe qu'après ces
quatre pages on doit voir où j'en veux
venir; tout mauvais Auteur, s'il n'a pas la
confcience nette & qu'il n'eft pas aveuglé
pas trop de préfomtion, cherche à capter
la bienveillance, à fe ménager l'indulgence de fes lecteurs, par quelqu'efpece d'a-
pologie; eh bien, j'en conviens, c'étoit
auffi mon deffein, puiffai-je y avoir réuffi.

TABLE.

LET-

LETTRES

SUR DIFFÉRENS SUJETS.

TOME TROISIÈME.

LETTRE VIII.

de Genes, le 5. Février 1775.

Monsieur,

Vous aurés reçu la longue lettre que je Vous ai écrite de Savone, mais Vous ne favés pas encore comment j'y fuis venu; je vais Vous le dire avant de Vous rendre compte de mon féjour à Genes, & comme

　　　　　　A

j'ai vu que je ferois plaifir à plufieurs de mes amis, particulierement dans ma famille, en leur communiquant régulierement un extrait du Journal de mon voyage, Vous voudrés bien permettre qu'à l'avenir ces lettres paffent fous leurs yeux avant de Vous être envoyées & que je leur conferve la forme, quoiqu'un peu feche, d'un Diaire.

Le 26. Janvier 1775.

Le vent fe montrant à la fin moins contraire cet après midi, je me fuis embarqué dans la félouque où j'avois arrêté une place, à raifon dé 12 liv. de france, fans les étrennes, & entre 4 & 5 heures du foir nous démarrâmes. Je ne tardai pas de m'appercevoir que ma bonne fortune m'avoit donné un Compagnon de voyage. Vous comprenés, Monfieur, que je prends ce terme dans un fens étroit & que je regarde comme nuls plufieurs paffagers desquels il n'y avoit aucun parti à tirer. En effet fur cette même félouque s'eft trouvé pour mon bonheur, parmi bien des gens de la derniere claffe & dont je ne comprenois pas même le jargon, un Mr. *Latapie,* de Bordeaux, que je fuis tenté de nommer Doẟeur *in omni fcibili,* puisque non feulement il eft gradué en Droit & en Médecine, mais qu'il joint aux connoiffances que ces grades fuppofent une quantité d'au-

tres: de littérature, de langues mortes & vivantes, d'hiſtoire naturelle &c. bien rares dans
un jeune homme & particulierement, ſi j'oſe le
dire, dans un jeune François.   C'eſt lui qui eſt
le traducteur de l'ouvrage abſtrait de *Thomas
Whately* ſur les jardins Anglois, auquel il a joint
auſſi en françois une deſcription des jardins de
Stowe (*).   Il va faire à préſent à loiſir le voyage entier d'Italie & de Sicile & je le crois même appuyé du Gouvernement pour recueillir
des remarques intéreſſantes concernant l'hiſtoire naturelle, les arts, les manufactures & d'autres objets utiles de ce genre (**).

Le vent ne nous fut pas longtems favorable & nous fumes obligés de relâcher dans le
port de Nice après 8 heures du ſoir.   Nous
paſſames la nuit dans la félouque & je dormis

A 2

(*) *L'art de former les jardins modernes ou l'art des jardins Anglois.   Trad. de l'Anglois; à quoi le Traducteur a joint un diſcours préliminaire ſur l'origine de l'art,
des notes ſur le texte, & une deſcription détaillée des jardins de Stowe, accompagnée du plan.*   Paris 1771. chés
Jombert. gr. 8. d'env. 470 pages.   On trouvé un extrait de l'original (*Obſervations on modern Gardining &c.*
London 1770) dans le Journ. Enc. 1 Sept. 1770.

(**) Mr. *Latapie* a déjà donné un avant-goût de ſes obſervations en Italie par un écrit ſur les pierres factices des
Bains de St. Philippe & encore d'autres morceaux, ſi je
ne me trompe, dans le Journal de Phyſique de Mr.
l'Abbé *Rozier*.

paſſablement ſur un petit matelas que je payois ſéparément au maître du bâtiment.

Le 27. Janvier.

Je pris avec Mr. *Latapie* la réſolution d'aller à terre & même nous refuſames de prendre gîte dans une petite auberge près du port; parce que je prévoyois que nous y paſſerions très mal notre tems ſi le mauvais tems devoit durer & qu'elle me faiſoit ſouvenir d'une ſemblable dont *Fielding* parle dans ſon voyage de Lisbonne. Nous allames droit en ville à l'Hôtel de France, une bonne auberge où nous avons roûjours mangé à trois avec un vieux Comte *de Perini*. Nous portames une lettre de recommandation, dont je m'étois muni à tout évenement, à Mr. *de Andrëis*, Négociant distingué à Nice, qui nous fit mener dans ſon jardin hors de la ville. J'admirai le bon ordre dans lequel les orangers & les citronniers y ſont plantés & ſurtout le grand nombre de ces arbres, qui monte à 1100. Mais c'eſt auſſi le jardin peut-être le plus remarquable de Nice & la maiſon, qui eſt très bien bâtie, avec une vue magnifique ſur la mer, a été occupée dernierement par un des plus célebres Mécenes françois, par Mr. *de Trudaine*. Je me ſuis promené de même fort agréablement ſur les remparts autour de la ville, du côté de la campagne; la vue y eſt charmante. Le ſoir j'eus la viſite de Mr. *Vierne,* frere du Conſul de Pruſſe & qui a été longtems à Berlin, aſſocié du poëte de la *Hausvogtey* (*). Il nous mena chés Mr. ſon frere lequel fait très galamment les honneurs de ſa Cour. J'y fis la connoiſſance de Mr. *de Lagno,* chymiſte, ami de Mr. *Durade* & qui a copié pour l'Académie de Berlin le mémoire de ſon ami ſur la *Nutrition* que la claſſe de Phyſique a couronné.

Le 28. Janvier.

Il a plu tout le jour; cependant nous avons fait un tour au port, qui eſt à un quart de lieue de France, de la ville. On y va par un beau chemin qui a été fait à grands frais autour d'un rocher. On n'a commencé que depuis peu d'années à mettre ce port en meilleur état & il eſt entierement libre, à l'exception, je crois, du tabac. On dit qu'on continuera jusqu'au port une terraſſe pavée & longue de plus de 400 pas qui fait le principal ornement de la ville de Ni-

(*) Un manufacturier françois nommé D....s, Auteur de quantité de mauvais vers, qu'il a faits dans cette priſon & dont la gazette littéraire de Berlin a été longtems inondée; il prenoit lui-même la qualité de *Poëte de la Hausvogtey* & quelquefois ſa verve étoit aſſés heureuſe.

ce. Nous nous y fommes promenés avec un plaifir mêlé d'étonnement; elle regne le long de la mer & au deffous font des magafins; elle doit avoir coûté une grande fomme. Entre cette terraffe & les maifons de l'autre côté eft un cours planté d'arbres. On bâtit beaucoup auffi de ce côté vers la gauche, entre autres une Eglife neuve, & il y a apparence que dans quelque tems une partie du moins de la ville fera belle, ce qu'on ne peut pas dire aujourd'hui. Les Anglois contribuent le plus à y faire circuler l'argent & à mettre les habitans en état de bâtir de meilleures maifons; il n'y avoit pas moins de 35 familles Angloifes à Nice cet hyver. Les fortifications de la ville n'exiftent plus, & pareillement on ne voit plus, me dit-on, que les fondemens du fort de *Turbia*, au deffus de Monaco, où un livre fort moderne place une garnifon piémontoife (*). Je fuis entré dans

(*) *Krebels Europ. Reifen*. Ed. de 1767. T. II. p. 849. Au refte on trouvera une defcription détaillée de Nice & de fes environs, y compris la Principauté de Monaco, dans le *Deutfches Mufeum* Mai & Juin 1778. Defcription que j'apprends avoir été traduite en françois pour la *Gazette Litt*. de Deux-ponts: elle eft d'un obfervateur des plus exacts & des plus pénétrans, du célebre Mr. *Sulzer*, que l'Acad. R. de Sc. & B. L. de Berlin a eu le malheur de perdre depuis peu. Il eft inutile après cela de nommer encore le fombre Voyageur *Sharpe* qui a décrit la même ville fort au long.

quelques églifes mais je n'ai rien vu de bien remarquable. Aux Dominicains eft un affés joli
pavé de petites pierres qui forment un deffin.

Les femmes de la Compagnes portent ici
au deffus du front un fingulier bourlet de fil,
autour duquel elles roulent les cheveux par fé-
parations, de façon qu'on voit alternativement
un efpace en fil & un efpace en cheveux.

Le 29. Janvier.

Nous allions monter à cheval, Mr. *Latapie*
& moi, pour faire un tour à Villefranche, à une
lieue de Nice, & dont le port mérite d'être
vu (*), lorsqu'on eft venu nous avertir que le
veut avoit changé & qu'il falloit s'embarquer.
Nous n'avons eu que le tems de prendre congé
de Mrs. *Vierne*, qui nous avoient fait beaucoup de politeffes encore la veille & à $9\frac{1}{2}$ du
matin nous fommes rentrés dans la félouque.
A $10\frac{1}{2}$ elle eft fortie du port; le tems a été
beau & j'ai été moins malade que dans le petit
trajet d'Antibes à Nice. Nous vimes affés de

A 4

(*) J'ignorois alors que Mr. le Chev. de *Foncemex*, Mathématicien connu par de bons mémoires dans les deux
premiers Volumes des mémoires de la Soc. R. de Turin
y étoit en garnifon, & y montoit un Obfervatoire.
Voyés le voyage cité de Mr. *Sulzer* & mes *Nouv. litt.*
cah. I. p. 18.

8

près, *Villefranche*, *Monaco*, *Ventimiglia* &
d'autres villes de cette côté si fort peuplée. Je
fus bien aise particulierement de passer de jour
à la vue de Monaco, à cause de l'éloge qui a
été fait de cette ville, l'année passée dans la gazette littéraire de Berlin; je ne sais cependant
si je m'y plairois; elle me paroît serrée un peu
de trop près par le rocher qui lui sert de manteau.

La nuit a été très belle également & au défaut de la côte j'ai pris quelque plaisir à voir la
mer lumineuse à chaque coup de rames; je ne
Vous en dis rien de plus, on a assés disserté sur
ce sujet (*). Mais au reste je l'ai passée bien
mal à mon aise, cette belle nuit, à cause de la
brutalité d'un rustre Génois qui, nonobstant
qu'il me vit fort indisposé, m'a obligé de prendre une place très incommode, quoique je ne
le génasse nullement dans celle que je m'étois
ménagée à côté de lui, il me fit, ce qu'on nomme si improprement, une *querelle d'Allemand*;
en entama une fort grosse & fort longue avec
Latapie, qui avoit pris mon parti, & doit avoir
menacé même, à ce qu'on m'a dit, de me jetter

(*) **Mr.** *de la Lande* a rassemblé presque tout ce qui a trait
à cette matiere dans un mémoire fort intéressant inséré
dans le *Journ.* des Sçav. 1778. Févr. Ed. de Holl. Il
a paru cependant depuis encore un autre écrit sur cette
matiere, mais dans ce moment je ne puis me rappeller
où je l'ai lu.

dans la mer. Il avoit pour lui le reste de la Canaille & une femme entr'autres uniquement, suivant ce que j'ai pu comprendre, parce qu'avec mon matelas, mon sac de pied, ma pelisse & mon sac de nuit pour coussin, j'avois réussi à me faire une espece de lit au fond de la barque. Elle s'écrioit à chaque instant *che bagagio;* mon accablement me fut favorable du moins en un point; j'étois peu sensible à ce qui se passoit; je ne savois rien de la menace du Génois, & quoique fâché que mon second fut obligé de tenir tête pour l'amour de moi à tous ces marauts, je ne pouvois m'empêcher d'en sourire quelquefois, d'autant que plus nourri de la lecture des poëtes, qu'habitué à parler l'italien ordinaire, son langage tranchoit fort avec le leur, tant pour le ton que pour la facilité.

Le 30. Janvier.

Le lever du Soleil a été très beau encore, mais suivi aussitôt d'un tems couvert & pluvieux, & de vent contraire. Nous n'eumes d'autre parti à prendre que d'entrer après 10 heures du matin dans le port de *Savone,* & c'étoit encore un grand bonheur pour les deux curieux de nous trouver précisément si proche de la ville de l'état de Genes, la plus considérable après la capitale. Nous nous logeâmes à *la Rose*, une auberge de grande architecture avec une belle cour à portiques. Nous y avons été bien servis, indépendamment du bon brocoli, des *treghe*, ces petits poissons délicats qu'on nomme *Rougets* en Provence, & des *ravioli*, espece de macaroni farcis pour lesquels les Génois excellent.

Nous allâmes voir le Dôme, où nous remarquames un bel orgue & un joli Mausolée d'un Evêque de la maison *Spinola*. Nous nous promenames fort loin dans les fauxbourgs où nous vîmes de beaux jardins. La ville aussi nous donna quelque avant-goût de la capitale, par le bon pavé en briques posées de champ & par les beaux chambranles des portes & des fenêtres, lesquels sont de marbre & de *lavezza* (ardoise), avec des bas-reliefs, des médaillons, des masques &c. Au retour je m'amusai assés longtems à parcourir la boutique d'un marchand de livres & d'estampes; quoique point libraire il étoit bien mieux fourni que deux soi-disans libraires chés lesquels j'étois entré à Nice. J'ai apperçu un caffé, mais je l'ai trouvé mal fourni; on est allé vis à vis, chés un apothicaire, chercher la limonade que j'avois demandée.

Le 31. Janvier.

Ce matin je me suis promené seul pour voir d'autres églises; j'ai vu celle de la *Conception*

fimple, mais belle & neuve; celle de *St. Anne*
décorée de beaux autels à colonnes de marbre;
la belle églife des *Scolopies*, très riche en dorures & d'ailleurs toute peinte à fresque; celle
des *Jéfuites*, un peu dans le même goût, mais
plus grande & avec une belle façade; celle des
Auguftins affés remarquable par fa grandeur;
celle de *St. Dominique*, qui a de beaux autels,
avec des colonnes de l'ordre Corinthien, &
trois ou quatre autres autels très beaux en marbre, avec des médaillons en bas relief.

Après le diner j'entrepris avec Mr. *Latapie*,
par un affés mauvais tems, une courfe d'une
bonne lieue, pour voir au bourg d'*Albifola*,
qu'on traverfe, le palais d'été du feu Marquis
della Rovere. Vous auriés de la peine, Monfieur, à Vous repréfenter notre étonnement
en voyant fitôt & lorsque ne nous y attendions
pas encore, à quel point les Italiens peuvent
porter: la grandeur, le goût, l'élégance & même la volupté dans leurs maifons de Campagnes.
On entre dans celle de *Rovere* par une cour ou
un efpece de parterre, garni de pots à fleurs
& d'orangers, au bout duquel s'éleve un beau
tertre en forme de théatre, avec une ftatue co-
loffale dans le fond, & derriere s'étend en diver-
geant le jardin principal, qui confifte en allées
de vignes à perte de vue, & qui eft entouré

d'un mur peint de jaune & blanc. A la gauche de la premiere entrée est un grand corps de logis depuis lequel s'étend jusqu'au tertre & en se courbant, une terrasse ou gallerie garnie de statues de marbre. Cette terrasse forme une rampe douce qui aboutit en fer à cheval au niveau de la cour; & on y a pratiqué des appartemens charmans, en boiserie sculptée en fleurs & vernissée; il y a salon d'été & salon d'automne, & des cabinets délicieux par l'élégance & la fraicheur. De l'autre côté est une terrasse pareille sous laquelle se trouve une grotte magnifique garnie de grandes pinnes marines & d'autres coquillages estimés; l'intention du fondateur a été sans doute qu'il y eût de ce côté une maison semblable à l'autre, mais ce plan n'a pas été exécuté, comme il arrive presque toujours dans les entreprises d'architecture, d'une certaine étendue; ce défaut n'empêche du moins pas l'effet du premier coup d'œil en entrant, la symmétrie des objets qu'on a devant soi est parfaite & l'élégance de la courbure rentrante des terrasses ainsi que la maniere dont le tout est orné, ne peut manquer de frapper.

L'intérieur du corps de logis dont j'ai parlé mérite également d'être vû; on y trouve une très jolie chapelle; un salon avec les portraits de la maison, laquelle a produits deux Papes,

Jules II. & *Sixte* IV; un autre falon avec des buftes de marbres, entr'autres celui du dernier Marquis *della Rovere*, reffemblant à une ftatue de ce même Seigneur, qu'on voit dans une place publique à Savone; de beaux tableaux dans différentes chambres; un petit falon peint comme fi les murs étoient de pierres communes & de briques caffées; &c, Les planchers ne font qu'en briques, mais elles repréfentent des deffins à fleurs, ce qui ne laiffe pas de faire un bon effet.

Peu avant *Albifola* on traverfe les jardins de Mr. *Marcellino Durazzo*, par le centre d'une immenfe étoile; ils ont un air encore plus riant que ceux de *Rovere*, d'autant qu'ils font fitués en partie, de même que le palais, fur une hauteur; que les murs font peints en couleur de rofe & blanc, & qu'il y a plus de parcs & d'arbres dans les jardins; le palais paroît moins magnifique, mais il eft achevé, il confifte en un corps de logis flanqué de deux pavillons devant lesquels font des terraffes garnies d'orangers, & une belle avenue répond à la façade principale.

Je revins très fatigué & cependant nous fommes allés encore le même foir à un bal; mais pas à un bal des plus brillans ni pour y danfer. Le garçon de l'auberge nous perfuada d'aller voir ce prétendu bal, nous aſſûrant qu'il y auroit des gens comme il faut & comme c'étoit en Carnaval nous fûmes aſſés bons pour le croi-re; mais nous ne vîmes que des gens de bas alloi, très en négligé & *alterno terram quatientes pede* dans une très petite ſalle. Je ne fus cependant pas fâché d'avoir vu cette petite fête; j'ai remarqué des façons de danſer qui m'étoient tout à fait inconnues & en partie aſſés plaiſan-tes; par ex. une danſe à deux paires où au lieu d'aller à la rencontre l'un de l'autre, viſage à vi-ſage, on ſe joignoit dos à dos; un cotillon ou contredanſe françoiſe ordinaire, à 4 paires, où l'on feignoit des embraſſades fort tendres, bras deſſus bras deſſous, dans le fond plus dé-centes que bien des figures que nous voyons exé-cuter tous les jours par nos femmes & par nos filles ſans oſer ſeulement leur dire ce que nous en penſons. Ils ont danſé auſſi des cotillons extrêmement embarraſſés par la vatiété des fi-gures, avec une facilité ſurprenante; & une de leurs danſes encore m'a paru aſſés ſemblable à la *provençale.*

Le 1. Février 1775.

Nous avons paſſé ce matin chés un horlo-ger qui m'a paru fort intelligent & qui avoit une pendule angloiſe à ſecondes dans ſa chambre. Enfuite nous avons vu la belle chapelle *Sixtine* rébatie par le feu Ms. *della Rovere*, qui étoit arriere Neveu du Pape *Sixte* IV. auquel cette chapelle doit fon nom & fon exiftence; elle eft très ornée de dorures & de fleurs fculptées & verniffées; les armes de *Rovere* y font diftribuée avec goût & des pilaftres d'ordre corinthiens relèvent le tout. Le Reftaurateur a rétabli auffi le maufolée du Pere & de la Mere de *Sixte* IV, placé fur un autel de marbre, avec une infcription du Marquis.

Nous avons vu en paffant encore quelques autres églifes, desquelles heureufement pour Vous je n'ai pas pris note, & après le diner nous avons fait une promenade agréable fur une hauteur qui domine le jardin du *Palazzo Mario,* belle maifon auprès de laquelle nous étions logés.

Nous nous fommes convaincus, en allant une feconde fois au port, que la mer étoit trop groffe pour pouvoir nous y expofer, quoique le vent eût changé. Ces petits voyages de mer fur de chetifs navires font bien défagréables & je crois avoir remarqué, en lifant les rélations, ou en entendant les narrations d'autres voyageurs, que c'eft plus fouvent en venant de France qu'en y allant, qu'on refte longtems fur cette çôte, arrêté par les vents contraires ou trop violens.

Les Femmes à Savone ont des corsets & sont coeffées à l'Alsacienne, mais avec un toupet; plusieurs portent sur la tête & sur les épaules un voile double d'Indienne à fleurs. Les gens sont honnêtes & polis & ne cherchent pas à surfaire.

J'ai remarqué quelques usages différens de ceux de la Provence, mais il ne vaut presque pas la peine d'en parler. Par ex. il n'y a point de table d'hôte comme en France. On ne jete plus, comme en Provence, les immondices les plus dégoûtantes dans les rues, & au lieu de ces vilains grands pots de chambres à tout besoin, dont vous avés peut - être ouï parler, on a des chaises & des commodités. Dans la partie de la France que je viens de traverser, on trouve régulierement des mouchettes sur la cheminée, cela n'est plus ici, il faut en demander. Dès la Suisse j'ai trouvé dans les lits un traversin, mais en Suisse & en France il étoit enveloppé autrement dans l'extrémité du drap, & sans être accompagné d'un oreiller, comme il l'est ici. Au reste, Monsieur, Vous excuserés ce bavardage; obligé de faire la quarantaine dans un lieu où je ne connoissois personne & où je n'entendois gueres le langage des gens du pays, je n'ai pû m'empêcher de remplir mon Journal de quantité de minuties pour me distraire. La parti-
cula-

cularité d'ailleurs, du traverfin & des mouchettes m'a paru un peu remarquable, parce qu'elle
indique l'efprit imitateur qui regne dans une même nation & la ligne de demarcation entre deux
nations voifines.

Le 2. Février.

Avec tout cela l'impatience m'avoit gagné
abfolument & j'étois décidé à affronter les fati-
gues de la route par terre, pour me tirer enfin
de Savone; dans cette intention, après avoir
fait encore un tour au port & avoir revu les
principales églifes, je louai un cheval pour aller dabord à *Albifola*, voir fi un torrent qui
fe jette là dans la mer & qu'on m'avoit dit
groffi extrêmement permettroit de paffer; j'é-
tois réfolu, fi je le trouvois guéable, de prendre le lendemain une mule & un guide & de
continuer ma route par terre, je pouvois me
flatter que dans ce cas mon Compagnon de
voyage feroit de la partie. Mais au moment
que je fortois de l'auberge, perché fur ma Rof-
finante, voilà les matelots qui viennent nous
avertir que le vent a baiffé & qu'ils vont fe remettre en mer; l'homme au cheval fe con-
tenta honnêtement de la moitié du prix convenu; je n'eus rien de plus preffé que de ferrer
mes effets & vers 4 heures du foir nous forti-
mes du port, lequel, foit dit en paffant, eft de

Tom. III.   B

peu d'importance aujourd'hui; le voisinage de celui de *Genes* est cause qu'on l'a négligé au point qu'on auroit de la peine aujourd'hui à le nettoyer suffisamment pour qu'il pût tenir de gros vaisseaux; même les Génois doivent eux-mêmes l'avoir comblé en partie. Le tems continua d'être passable & à 11 heures du même soir nous entrâmes dans le port de *Genes*, à 7 lieues de Savone. Malheureusement il étoit trop tard pour les cérémonies de la visite & il fallut passer encore une mauvaise nuit dans la félouque.

Le 3. Février.

A 8 heures nous eûmes fini d'arranger, même sans beaucoup de difficultés, les préliminaires auxquels les nouveaux débarqués sont assujettis, & nous nous logeâmes chés *Souliers*, aubergiste françois près de *S. Siro*, qui tient à un prix raisonnable une très bonne table d'hôte, enforte qu'il n'est pourtant pas généralement vrai qu'en Italie & à Genes particulierement on ne trouve pas de tables d'hôte, comme on me l'avoit assûré. J'ai porté le même matin des lettres de recommandation à plusieurs Négocians des plus distingués de la ville & je n'ai pas tardé de me convaincre que Genes mérite à juste titre l'epithete magnifique que le proverbe Italien lui donne. Je Vous informerai de mes Courses ici dans ma lettre suivante.

LETTRE IX.

de Genes, le 16. Février 1775.

Monsieur,

Outre les Courses que j'ai faites le matin de mon arrivée ici pour remettre mes lettres de recommandation, lesquelles m'ont attiré dans la suite bien des politesses, j'ai parcouru le même matin la célebre *Strada nuova* & la *Piazza amoroso* qui est au bout de cette rue & qui ne mérite pas moins d'être citée pour la beauté des palais qui la garnissent. Quant à la *Strada nuova* il est certain que c'est une rue comme on n'en voit peut-être pas de pareilles, pour la magnificence soûtenue des bâtimens; mais elle est fort étroite & il y auroit peut-être à redire pour le goût aux façades de ces palais, ils sont trop chargés d'ornemens même un peu lourds & les connoisseurs y trouveront je crois facilement encore d'autres défauts contre la bonne Architecture: — J'ai vu aussi deux des plus belles églises *St. François* & *St. Cyr;* cette

derniere eft réellement d'une richeffe extraordinaire.

Ayant abordé, à Genes de nuit je n'avois
pu voir la beauté du coup d'œil que préfente cette ville, avec fes charmans environs, à ceux qui
arrivent par mer, coup - d'œil célébré par bien
des voyageurs; mais dès le même foir j'ai eu
occafion de m'affûrer que leurs éloges font très
fondés. Je pris avec plufieurs étrangers, avec
lesquels j'avois diné à table d'hôte, une barque
qui nous conduifit à l'entrée du port; nous
montâmes là fur une frégatte angloife de 28 canons, je l'ai trouvée grande & commode & j'ai
eu le plaifir de fervir de truchement à la compagnie. — A propos de Vaiffeau de Guerre,
je crois avoir oublié de Vous dire que j'ai monté dans le port de Toulon fur les plus gros Vaif-
feaux de ligne qui s'y trouvoient alors, l'un le
Tonnant de 80 l'autre le *Languedoc* de 84 canons; celui-ci à 188 pieds de longueur; j'ai
été partout; j'ai vu toutes les chambres, les
deux ponts, la Ste. Barbe, les pompes, les écuries, les beaux & grands balcons dont *Puget*
doit avoir donné l'idée, &c. je n'ai pu me laffer d'admirer l'élegance de l'extérieur, la commodité & le vafte efpace de l'intérieur & toute
la conftruction de ces grandes machines, réful-
tats de tant de fublimes efforts de l'efprit hu-

main; je Vous confeille de ne pas manquer l'occafion de voir un de ces bâtimens fi impofans,
en cas que quelque jour elle fe préfente.

Le 4. Février.

Mr. *Latapie* m'a fait faire ce matin la connoiffance du P. d'*Obrian*, Réligieux Irlandois
inftruit & galanthomme, qui nous fit voir au
Couvent de St. Cyr, les richeffes de la belle
Sacriftie, favoir les magnifiques *ternarj* & autres vêtemens eccléfiaftiques, l'autel, les grands
candélabres, les buftes de Saint &c. d'argent.
Nous montâmes auffi dans les jardins de ce
couvent: ils font au nombre des plus beaux
de Genes, ils forment 3 ou 4 terraffes, & on
y a une vue fuperbe. Nous vîmes encore la
Strada Balbi, qui eft l'autre rue fameufe de
Genes, plus longue & plus large que *Strada
nuova,* mais où les palais ne fe fuccedent pas
jusqu'à la fin de la rue; la place qui eft à l'extrémité eft moins ornée, pour ce qui eft des bâtimens, que la place *Amorofo,* mais elle eft plus
grande, plus réguliere, quarrée, & en verdu-
re; je n'ai gueres vu de place plus femblable
à ces agréables *fquares* qui font la plus grande
beauté de Londres; on la nomme *Piazza dell'
acqua verde* ou de *S. Spirito;* il n'y a je crois
pas longtems qu'elle eft formée & on ne la trou-

ve pas indiquée fur les plans un peu anciens de Genes, pas même fur celui que Mr. *de la Lande* a joint à fon voyage d'Italie. Ce plan en gé-néral eft auffi trop petit; il eft dommage que Mr. de LL. n'ait pas eu connoiffance de celui que je me fuis procuré & qui a paru encore avant la publication de l'ouvrage de Mr. de LL. auquel il auroit convenu parfaitement; le titre eft *GENOUA nel folo giro delle fue mura vecchie con l'effofizione delle chiefe e luoghi principali: Mifurata a paffi geometrici da GIACOMO BRUSCO. Ingegnere Ajut,* 1766.

Parmi les églifes que nous avons vues ce matin font celle de *S. Filippo Neri* & celle de l'Annonciade: celle - ci mérite affurément d'ê-tre vantée comme elle l'eft & dans l'*oratorio* ou la petite églife qui eft une appendice de la pre-miere, fe trouve une ftatue admirable de la Vier-ge, exécutée par le *Puget* & pas affés connue.

J'ai fait encore avant le dinér ma vifite à Mr. *Michel,* Secrét. d'ambaffade de France, & avec lui à Mr. *de Fonscolombes,* Envoyé extra-ordinaire de la même Cour (*); deux hommes bien aimables & d'un grand mérite. J'ai beau-coup à me louer particulierement de Mr. *de*

(*) Mr. *de Fonscolombes* a pris depuis fa démiffion, fa fan-té ne lui ayant pas permis de refte plus longtems dans ce pofte.

Fonscolombes, qui a eu bien des bontés pour moi, m'a souvent fait diner chés lui & m'a offert de me recommander à Mr. le Cardinal *de Bernis*, en cas que je pouffe mon voyage jusqu'à Rome: il eft frere de Mr. *de Boyer de Fonscolombes* à Aix, le Magiftrat fi aimable & fi éclairé dont je Vous ai fait l'éloge dans une de mes lettres précédentes en Vous parlant de fon beau cabinet.   Dans l'après diner j'ai vu l'églife de *St. Auguftin* & celle de *Carignan*; celle - ci eft une des plus célebres de Genes; on la dit bàtie fur le modele de St. Pierre de Rome; elle renferme des chofes très remarquables en fait de tableaux & de ftatues, & fa fituation fur une hauteur lui donne encore d'autres avantages; pour y arriver on paffe le fingulier pont de *Carignan*, duquel on voit au deffous de foi des maifons à plufieurs étages.

Le 5. Février.

Un Apothicaire bien vêtu & qu'avec fon manteau noir j'aurois pris pour un Magiftrat, n'a pas dédaigné de me rendre de fes propres mains, affés léger pour entreprendre avec Mr. *Latapie* une courfe jusqu'au Phare de Genes, autrement nommé *la Lanterne*, au bout du long mole qui ferme le port à l'oueft.   Nous avons vu du même côté, en paffant, le jardin des mieux

B 4

fitué du Prince *Doria* & les carrieres d'où l'on tire des pierres pour faire le *Scoglio*, c'eſt à dire, pour garantir le rivage de la mer, en dehors des remparts, & arrêter l'impétuofité des flots: on dit qu'on y employe une machine ingénieufe & particuliere qui charge & décharge en un moment des maſſes énormes de rochers; nous n'avons pu prendre fur ce fujet les éclairciſſemens que nous voulions, mais Mr. *Latapie* fe propofe de prendre là - deſſus de nouvelles informations & de publier la defcription de la machine, fi elle en vaut la peine. Il a monté enfuite jufqu'au haut du Phare & c'eſt beaucoup dire; car outre que cette tour eſt très haute, il faut efcalader une longue montée avant feulement de fe trouver à l'entrée; je n'ai voulu le fuivre qu'environ jufqu'aux deux tiers de la tour, pour ne pas épuifer mal à propos mes forces, cela me fuffifoit pour jouir de la belle vue; le concierge qui nous conduifoit eſt un Opticien qui fait de bonnes lunettes; il les vend à qui en veut acheter & les prête à ceux qui étant fur la tour veulent porter la vue plus loin que leurs yeux ne le leur permettroient. Nous revinmes en ville par eau & je dinai chés Mr. *Maumari* de Neufchâtel, un Négociant des plus généreux & des plus obligeans, qui a particulierement une affection finguliere pour les Suiſſes fes compatriotes & leur rend tous les serviees imaginables; il est Consul d'une Cour royale, mais il a renoncé tacitement à son Consulat en retirant l'écusson que les grands & les petits Ministres étrangers exposent sur la porte de leurs demeures, parce qu'il a trouvé que son consulat lui faisoit plus de tort à différens égards que le peu de privileges qui y sont attachés ne lui procuroient d'avantages. Son Epouse est une des Dames les plus intelligentes & les plus respectables que je connoisse.

Mr. *Maumari* me fit voir près de chés lui l'église de *St. Laurent*, qui est la cathédrale de Genes & dont la façade est revêtue, par couches paralleles, alternativement de marbre noir & de marbre blanc. Nous fimes ensuite un tour par la ville pour voir les habits de masque exposés par tout pour le même soir. Toute la ville étoit en mouvement; car non seulement il devoit y avoir un bal de carnaval au théatre, mais encore des bals particuliers dans plusieurs maisons. Avant le bal du théatre on donna une opera buffa, *il Gelofo*, que j'allai voir; il m'a paru qu'il y avoit beaucoup de tumulte, cependant la musique étoit bonne; les ballets auroient pu être plus courts, ils ne signifioient pas grand' chose. Après le spectacle, la Noblesse se fit servir le souper splendidement dans les loges.

Il semble que dans ces occasions elle se pique d'étaler sa plus riche vaisselle & de se faire servir les mets les plus recherchés & les plus coûteux; j'ai vu porter dans les loges du *Capondimare* (espece d'ouille de différentes productions marines); des ragoûts fins de petites huitres, & d'autres plats qu'on doit avoir payé extrêmement cher; on ne prend que peu de poissons & point d'huitres, que je sache, sur les côtes de Gênes; si un proverbe connu, un peu menteur, devoit être pris à la lettre il n'y auroit pas même de pêche du tout.

D'autres personnes de moindre considération, si elles ont des loges ne laissent pas de s'y faire servir aussi à leur façon, soit en se faisant apporter le souper de la maison soit en le prenant chés un traiteur qui apprête à manger dans les soûterrains du théatre.

Après le souper le bal commença par des ménuets; soit à deux, soit à quatre; le second que je dansai fut interrompu par les allemandes; je quittai après une heure du matin & en revenant chés moi j'eus la curiosité de monter encore dans une maison, où je m'apperçus que des masques, la plûpart de gens du commun, dansoient; car il est permis dans ces occasions à tout masque d'entrer où l'on danse. La foule étoit grande & je me retirai aussitôt.

Le 6. Février.

Le froid a été affés vif; pour me réchauffer, j'ai fait une grande promenade au foleil, autour de la ville, du côté de terre, & je me fuis parfumé dans les églifes de *St. Etienne*, de *St. Dominique* & de *St. Mathieu;* je fuis retourné avec l'aimable famille *Maumari* à l'opéra, qui a été encore affés bruyant, quoiqu'il y eût peu de monde. J'ai remarqué que plufieurs fpectateurs & particulierement les officiers témoignent beaucoup de goût pour les fauts de force, & tiennent les Danfeurs en l'air pour ainfi dire avec leurs *bravi, brava, bravatiffima, braviofiffimo* &c. & leurs battemens de mains; ils encouragent furtout beaucoup les mines voluptueufes. J'ai foupé dans une maifon Suiffe allemande avec plufieurs autres compatriotes, qui ne font pas des oifeaux rares à Genes.

Le 7. Février.

Mr. *Maurer*, un de ces amis, me mena chés le P. *Corréard*, Exjéfuite & bon mathématicien & aftronome. Sa connoiffance m'a fait beaucoup de plaifir & j'ai longtems caufé avec lui. Je me fuis informé des inftrumens de la maifon *Conftantin Pinelli* dont Mr. *de la Lande* parle; ce font ceux avec lesquels les Marquis *Selvaggio* ont fait il y a 70 ou 80 ans beaucoup d'obſervations qu'on trouve dans les Mémoires de l'Acad. des Sciences de Paris & dans les Mémoires de Trévoux; il y a quelque difficulté à voir ces inſtrumens & ils n'en valent gueres la peine: ce ſont de vieux quarts de cercle & autres inſtrumens du ſiecle paſſé, des pendules hors d'état de ſervir, &c. ce qu'il y a de mieux, dit l'Abbé *Corréard*, eſt un Quart de cercle de *Butterfield.* L'Aſtronomie paroît très négligée aujourd'hui à Genes. Le ſavant dont je parle a eſſayé de la relever; encouragé même par quelques Nobles, il avoit propoſé d'établir un Obſervatoire; on comprit qu'il étoit dommage de ne pas profiter des avantages marqués que la ſituation de Genes offre pour la pratique de l'Aſtronomie, que le Commerce de l'état y étoit même intéreſſé, rélativement à la navigation; mais lorsque le P. *Corréard* parla d'un millier de ſequins, pour acheter les inſtrumens les plus néceſſaires, on fut effrayé de cette ſomme, pourtant ſi modique, & on ne voulut plus entendre parler d'Obſervatoire.

En revenant je vis encore l'égliſe de *St. Salvador*⁕& celle de la place de *Sarzano.* — Je n'ai je crois pas beſoin de Vous dire, Monſieur, qu'on va voir la plûpart de toutes ces égliſes, pour les tableaux, les ſtatues & d'autres ornemens qu'elles renferment; je Vous les nomme pour Vous donner une idée de la maniere dont je paſſe mon tems en me laiſſant aller au courant; mais je Vous fais grace des détails, par ce que je ne puis douter que Vous n'ayés lu quelques uns des voyages d'Italie où l'on trouve tous ces détails jusqu'à la ſatiété. Je puis outre cela Vous faire voir à mon retour un livre intitulé: *Deſcription des beautés de Genes & de ſes Environs ornée de différentes vues.* Genes 1773. qui contient encore plus de détails, qu'on n'en trouve dans les deſcriptions générales de l'Italie. Ce livre, un des meilleurs dans ſon genre, indique auſſi une quantité de choſes remarquables, ſurtout en fait de peinture, répandues ſur toute la côte & trop peu connues.

Le ſoir j'ai été à un petit concert chés Mr. *Maumari*, où j'ai trouvé un voyageur qui avoit fait à peu près tout le tour de l'Italie & qui demanda ſi on pouvoit aller par mer de Genes à Turin.

Le 8. Février.

J'ai vu le matin, avec Mr. *Latapie*, les palais *Marcellino Durazzo & Brignolé*; le premier paſſe pour le plus beau & le plus grand de Genes; outre les tableaux & d'autres choſes remarquables indiquées dans le livre que je viens de citer, j'ai admiré les belles tables en moſaïque; des vaſes ornés de bas-reliefs coloriés;

la grande falle ornée de pilaftres de glaces; les portraits de Famille &c. Le palais *Brignolé* eft fort riche auffi en tableaux & en beaux meubles; comme tables d'albâtre violet &c.; mais ce font les *Mezz'arie* ou l'entre-fol furtout qu'il faut y voir; on ne peut rien s'imaginer de plus recherché pour l'élégance & la volupté que ces réduits délicieux; dans l'un eft une belle Venus nue & vis à vis d'un miroir en rocaille, d'un goût fingulier; dans un autre une Alcove toute garnie en glaces & à côté de cette piece eft le bain, qui répond au refte. Me. *Brignolé*, que nous avons rencontrée, eft une Dame très polie & qui a été longtems à Paris où fon époux étoit Miniftre de la République.

Nous allâmes de là à l'*Albergho*, hôpital des plus magnifiques & le mieux entretenu qu'on puiffe voir. Dans la chapelle eft un bas-relief de *Michel'ange*, qui repréfente la vierge contemplant fon fils mort, ou une *Madre di pietà* pour me fervir du terme italien plus fuccint; ce morceau eft d'un travail admirable & d'une vérité frappante; on ne peut fe laffer de le regarder ni s'empêcher en le regardant d'être attendri; il fait tort à un des plus beaux ouvrages du célebre *Puget*, à une affomption de la Vierge, qui fe trouve dans la même chapelle.

Nous étions avec un prêtre allemand qui jusqu'à la fin d'Avril vouloit faire encore tout le tour de l'Italie; la rapidité & l'impatience avec laquelle il paſſoit ſur tout ce qui étoit le plus digne d'attention ne me laiſſent pas de doute qu'il ne vienne heureuſement & glorieuſement à bout de ſon deſſein.

Après le diner je me ſuis tranſporté avec mes hardes chés Mr. *Maumari*, qui a voulu bien obligeamment que je vinſſe occuper chés lui une chambre qu'un autre voyageur de ſes amis venoit de quitter. Le ſoir je fus à la comédie; on donnoit *Samſon*, piece ſinguliere, de *Goldoni* ſi jé ne me trompe; Vous l'aurés peutêtre vue comme moi, en françois, ſur le théatre de Berlin; mais je l'aï trouvée plus plaiſante en Italien. On chanta de fort jolis airs pour intermede; les Acteurs étoient aſſés médiocres, mais le théatre ſurtout eſt des plus meſquins; il ne ſemble pas, non plus, que beaucoup de gens comme il faut le fréquentent.

Le 9. Février.

Je fis un petit voyage par mer & par terre avec la famille *Maumari* & celle de Mr. *de Morlai*, Conſul de Danemarc; nous n'avons pas été bien loin cependant; c'étoit ſeulement une partie formée pour manger des *Ravioli* dans une auberge à la *Piazza dè Negri*, vers l'extrémité occidentale de Genes. Je vous ai déjà parlé de ce mets; on préfere, quand on veut en manger, d'aller chés des aubergistes; ils le font meilleur qu'on ne le feroit chés foi & on n'en a pas l'embarras qu'on dit affés grand. Mais j'ai été étonné de voir ce plat fi nourriffant, qu'on mange en guife de foupe, fuivi par je ne fai combien d'autres plats; c'étoit perdre de vue l'objet de la partie & fe mettre dans le cas de gagner une indigeftion pour 15 jours. Heureufement pour moi j'avois un engagement, pour 3 heures, chés Mr. le Ms. *de Lomellini* & comme on s'étoit mis tard à table je ne me fus pas plûtôt lefté de *Ravioli* & de quelques autres morceaux, que je courus chés cet aimable Seigneur. Vous favés fans doute, Monfieur, qu'il a été pendant un tems au rang des meilleurs mathématiciens, furtout pour l'analyfe; les emplois importans dont il a été revêtu enfuite, ayant même été Doge, l'ont détourné de cette carriere. Il a vécu longtems à Paris, & c'étoient les favans les plus diftingués qu'il y voyoit le plus régulierement & avec le plus de plaifir: les *Maupertuis*, les *Fontaine*, les *Clairaut*, les *d'Alembert* &c. fa converfation eft extrêmement vive & agréable, affaifonnée de quantité d'anecdotes intéreffantes. Je tiens de lui-même,

par

par exemple, que ne connoiſſant pas Mad. *du Châtelet,* il lui étoit échappé de dire qu'elle apprenoit la géométrie pour entendre ſon livre (les *Inſtitutions*); que le mot revint à la Marquiſe & quelle fut aſſés généreuſe que de le lui pardonner, au point qu'ils devinrent même bons amis. Je trouve au Marquis *Lomellini* beaucoup de reſſemblance avec *Maupertuis,* pour l'eſprit, la vivacité & la figure, & je ne ſais comment il a pu s'accommoder du ſérieux compaſſé & cérémonieux du Dogat. Il paroît ſe bien porter quoiqu'âgé; il me dit qu'il avoit toûjours eu l'eſtomac foible; „mais, ajoûta-t-il, l'eſtomac reſſemble à un ſerviteur pareſſeux qu'il faut faire travailler; ce n'eſt qu'avec la poitrine qu'on ne doit pas badiner;„ — je trouvai la leçon conſolante pour les mangeurs de *Ravioli* avec accompagnement.

J'allai rejoindre ceux-ci enſuite, pour revenir avec eux par eau; & le ſoir je retournai à la comédie avec Mr. *Latapie;* on donnoit *Brighello e Arlechino deſertori;* j'ai trouvé la piece peu amuſante; ſeulement une ſcene, où Arlequin fait le médecin, m'a aſſés diverti.

Le 10. Février.

Je ſuis allé prendre mon ami, qui depuis quelques jours s'étoit logé en maiſon bourgeoiſe, pour voir les beaux tableaux du palais *Balbi*; on en a une liſte, imprimée ſéparément, qu'on donne aux étrangers qui viennent voir le palais; c'eſt aſſurément une très belle collection, mais, ce que le catalogue ne dit pas, pluſieurs de ces tableaux ne ſont que de bonnes copies, au moins quelqu'un qui doit le ſavoir me l'a dit: je ne veux pas déprimer cette gallerie de ma propre autorité.

Nous vîmes après celà le *grand Hôpital*, très bel édifice, qu'il ne faut pas confondre avec l'*Albergo*, dont j'ai déjà parlé. On a érigé des ſtatues de marbre aux bienfaiteurs de cet établiſſement, dans les ſalles des malades; les uns y ſont repréſentés aſſis, les autres de bout, pour diſtinguer ceux dont la généroſité a paſſé une certaine ſomme; ce ne ſont pas les aſſis qui ont le plus donné. Chaque malade a ſon lit de fer, & comme le climat permet de tenir les fenêtres ouvertes, il y a très peu d'odeur; on comptoit alors 680 femmes, 700 enfans & 2 ou 300 hommes qu'on traitoit dans cet hôpital. Nous y vîmes auſſi l'égliſe, ainſi que le cabinet & le théatre anatomiques.

Près de là nous paſſâmes à l'endroit d'une rue qui n'eſt pas pavé, en mémoire d'une révolution. Nous vîmes dans l'égliſe de *St. Etienne* des tableaux fameux de *Raphael* & de *Jules*

Romain, & dans celle des *Scolopies* des bas-reliefs très bien exécutés en marbre, & les belles parois de la même matiere.

Je paſſai encore avant le diner quelque tems dans la boutique de Mr. *Yves Gravier*, un libraire fort galant-homme que j'allois voir aſſés ſouvent; il eſt très bien aſſorti de livres François & Italiens & donne de nouvelles éditions des bons auteurs de cette derniere nation. Sa boutique eſt *ai Banchi*, c'eſt à dire dans une grande ſalle garnie de quelques boutiques & de bancs, qui a été deſtinée pour être la Bourſe des Négocians, mais qui n'eſt gueres qu'un lieu public d'aſſemblée, de repos & de promenade pour les oiſifs; car les Négocians préferent, comme en d'autres villes, de ſe tenir à l'air, quelque tems preſque qu'il faſſe, dans la place qui eſt devant la ſalle.

Le ſoir j'ai rendu au P. *Corréard* une viſite qu'il m'avoit faite inutilement pendant ma méridienne; il m'a régalé des poëſies, fort eſtimées, de Mr. le Ms. *Lomellini* & m'a montré une lettre du P. *Pezenas* qui releve des erreurs dans la méthode de Mr. *de la Caille* pour prendre des hauteurs ſur mer. Le P. *Pézenas* avoit déjà fait imprimer un petit écrit ſur ce ſujet, mais il va plus loin encore dans la lettre dont je parle.

Un des dignes fils de Mr. *Maumari* me mena enfuite au Palais de la République pour entendre plaider, mais nous ne trouvâmes point de plaideurs.

Je fus curieux auffi d'aller du côté du port, pour voir l'effet du fanal dans l'obfcurité; il ne répondit pas à mon attente; je le trouvai foible.

Le 11. Féyrier.

Mr. *Latapie* m'accompagna au palais du Doge pour en voir les falles & l'arfenal. Nous vîmes dans celui-ci, outre les curiofités connues: telles que les cuiraffes des Dames qui fe croiferent &c. deux modeles de ponts, projettés pour un nouveau chemin qu'on fait de Sarzane à Parme; l'un de ces ponts feroit d'une feule arche, de 120 pieds. Quant aux falles du palais (*), ornées de peintures & de ftatues, elles font connues, il ne s'y trouve rien de nouveau; bientôt cependant on va y placer la ftatue du feu Doge *Cambiafi*, un des hommes qui a le mieux mérité de la patrie, particulierement en faifant faire à fes dépens une grande & belle chauffée qui conduit dans la Lombardie; il

---

(*) Un incendie a, comme on fait, confumé depuis une grande partie de ce palais, entr'autres les peintures fameufes du Chev. *Solimene* qui ornoient la falle des Deux-cens.

étoit aussi très charitable & cette vertu paroît être héréditaire dans fa Famille; différens établiffemens pieux en fourniffent des preuves.

Pendant que nous étions au palais, nous avons vu le Doge actuel, un Prince *Giuftiniani*, revenir de la meffe fuivi de plufieurs Sénateurs, & précédé de 60 Suiffes, & de 8 pages. Ces pages de 30 ans, 40 ans & d'avantage & d'une phyfionomie auffi commune que leur extraction, avoient de grandes perruques bien poudrées par deffus leurs cheveux, qu'on voyoit fortir de tout côté, & ils étoient enharnachés dans des habits rouges à l'Efpagnole fi richement galonnés que chaque habit coûte 300 écus. Le Doge lui-même portoit un habit de velours cramoifi, avec un bonnet & un manteau de la même étoffe.

De là nous allâmes voir les Églifes de St. *Ambroife* & des *PP. du Commun* & la riche *Banque de St. George;* nous remarquames aux entrées de ce dernier bâtiment plufieurs trous pour les avis fecrets; ainfi ce n'eft pas feulement à Vénife que cette coûtume a lieu.

Je fis après le diner une promenade fort agréable fur les remparts, en fortant par la porte d'*acqua fola* & en rentrant par le *portaletto* & j'entrai encore dans une très jolie églife dite *della Maddalena,* ornée de beaux tableaux &

dont la nef eſt portée par des colonnes couplées qui font un fort bon effet.

Le 22. Février.

Je devois faire une partie hors de la ville pour voir à *Peggi* & à *Cornigliano,* des maiſons de campagne qu'on dit magnifiques & délicieu-ſes, mais un tems venteux & pluvieux très vi-lain dérangea la partie; je ne ſortis le matin que pour aller ſur le quai qui borde la mer, dans un endroit qu'on nomme *la viſta,* afin de voir la mer agitée. Le coup d'œil eſt magnifique; les vagues en fureur qui viennent donner contre les moles du port & contre les murs de la ville, & s'y diſſolvent en écume, reſſemblent, ſi on fait abſtraction de la vîteſſe, à la cataracte du Rhin continuée par l'eſpace d'une demi-lieue; jugés du ſpectacle.

Le ſoir j'allai à l'oratoire de St. Philippe entendre un *oratorio,* ou concert d'égliſe; il y eut pluſieurs chanteurs, mais un ſeul caſtrat, nommé *Tonareili,* qui chante fort bien. L'or-cheſtre étoit peu nombreux, parce qu'il y avoit opéra ce jour-là. Nous eumes pour entr'acte un aſſés bon ſermon en italien, ſur le travail. Les Peres de l'oratoire, auxquels appartient l'é-gliſe de St. Philippe, donnent une pareille muſique tous les Dimanches & fêtes; la petite églife annexe, nommée *Oratorio,* eſt deſtinée à cet uſage & de là eſt venu ſans doute le nom de ces concerts ſpirituels, adoptés auſſi dans les pays proteſtans & qui rappellent toûjours le ſouvenir du grand *Hendel.*

Je retournai encore à *la viſta* avec un ami & j'entrai dans un caffé où on jouoit au billard; les parties les plus communes à ce jeu ſont à ſe perdre ou à *qui gagne perd;* on joue auſſi une autre partie, aſſés compliquée, que je crois tout à fait inconnue en Allemagne; elle eſt jolie, mais je n'en ai pas aſſés retenu la marche pour vous l'expliquer. — J'ai été ſurpris de voir dans ce caffé tant de gens en bottes; je me ſuis cru un moment au fond de l'Allemagne; & les bottes ne ſemblent pas fort néceſſaires dans une ville comme Genes, pavée de grandes dalles de pierre unies & qui a beaucoup de pentes.

Le 13. Février.

J'allai avec Mr. *Latapie* voir le palais *Caréga;* nous nous vîmes trompés cette fois par le livre dont je Vous ai parlé, quant à la richeſſe prétendue des ameublemens; il n'y a que la ſalle ou gallerie qui mérite une exception; elle eſt réellement très riche & d'une magnificence digne d'un Prince; un peu trop petite cependant & par là même les ornemens y paroiſſent trop

lourds. En revanche nous fumes agréablement
furpris par une quantité d'excellens tableaux de
Rubens, de *Procacino*, du *Caravage*, du *Guerchin*, de *Solimene*, de *Piola*, de *Sarzane* &
autres que nous trouvâmes répandus dans les
appartemens fans en être prévenus. Nous ad-
mirâmes furtout l'expreſſion du bourreau qui va
écorcher S. Barthelemi, dans un tableau du *Caravage;* un vieillard au lit par le *Capucino*, &
une Madonne de *Cignani*. Nous allions refor-
tir lorsque Mr. *Caréga*, le maître de la maifon,
nous aborda fort poliment & nous fit voir encore fa petite chapelle domeſtique où il a une
excellente ſtatue de la Vierge, par le *Puget*,
femblable à celle de l'oratoire de S. Philippe.
Mr. *Caréga* eſt un homme fi uni qu'il contraſte
avec les chofes précieufes que nous avons vues
chés lui.

Je fis voir enfuite à mon compagnon de
voyage ma jolie églife de la Madeleine, & je
retournai avec un des fils de Mr. *Maumari*, voir
la mer: d'abord auprès de *Madonna delle Grazie*, enfuite presqu'au bout du *molo vecchio* (*).
Le tems étoit plus beau & en apparence plus
calme que hier & la mer cependant étoit encore plus agitée; elle préfentoit un fpectacle fu-

---

(*) Il y a des endroits plus favorables les uns que les autres; c'eſt pourquoi j'ai cru devoir les indiquer.

perbe. En voyant en même tems du mole, les vaiſſeaux danſer dans le port & ſouvent ſe heurter avec violence, je me dégoûtai de plus en plus de cette eſpece de voiture, & de l'élément qui les porte.

Je fus le ſoir à la *Rota* voir les deux chambres où on plaide; cela ſe fait fort tranquillement; les avocats, au nombre de quatre, ſont toûjours des étrangers, & il ne peut y avoir, je ne ſais pourquoi, que deux bougies ſur la table. Le tems devint ſi mauvais que je ne pus me réſoudre d'aller au ſpectacle; il pleut très ſouvent à Genes & on nomme cette ville, par une comparaiſon très ignoble, le pot de chambre de l'Italie.

Je vis à la maiſon jouer à un jeu de cartes qu'on nomme *le cotillon* & je lus un manuſcrit intéreſſant ſur la révolution de Genes en **1746**, compoſé par un des chefs.

Le 14. Février.

Promenade ſur le mole & va l'égliſe *des Vignes*. Allé le ſoir *al Borgo* (un faûbourg) voir l'extérieur du beau palais *Pallavicini*, bâti du meilleur goût ſur les deſſins de *Michelange*, avec des peintures à freſque très bien conſervées vers le midi, mais gâtées vers le nord, & repréſentant, avec beaucoup d'illuſion, des ſtatues placées dans des niches.. Allé de là dans le jardin *Balbi* où eft une très belle allée en ovale, de cyprès, & une autre, en potence, de chênes verds; plus bas font des grottes, des cafcades, un beau tapis verd, &c. La maifon eft peinte à fresque, en jaune, avec des pilaftres fort bien imités; il y en a plufieurs du même goût auffi dans la ville; elles paroiffent avoir beaucoup déplu à *Addifon*. Les maifons de campagne dont je viens de parler font fituées fur une hauteur de laquelle on a une vue fuperbe fur Genes; près de là eft auffi une grande & belle maifon nommée le *Confervatorio;* c'eft une maifon d'éducation.

Au retour on me fit faire collation de *ravioli*, arrofés de vin de Monferrat, chés le Jardinier du Palais *Cambiafo*, autre maifon de campagne dans le même faûbourg; & nous revinmes par un beau clair de lune.

Le 15. Février.

Je fis une vifite ce matin au P. *Corréard*, & je ne crois pas avoir jamais fué plus fort au foleil dans la canicule, que je fis dans cette courfe. Nous fumes joints par Mr. *Roffi*, bon peintre Génois, qui nous mena chés Mr. *Pratolongo*, un Médecin amateur des mathématiques & poffeffeur de plufieurs livres de ce genre;

enfuite chés MM. *Campi,* pere & fils, très ver-
fés dans la même fcience; mais le fils étoit ab-
fent; le pere eft un particulier fort prévenant
& fort à fon aife, dont la maifon (à la place éle-
vée de *Spirito Santo*) à une des plus belles vues
de *Genes,* dominant tout le port.   On m'a dit
qu'un réligieux Carme à Genes même, & un
Capucin, à Vogherre s'occupent auffi de mathématiques, mais on n'a pu me les nommer.

Après le diner j'allai avec Mr. *Latapie,* au
College des Jéfuites, voir une méridienne que
le P. *Corréard* y a tirée; le gnomon n'a que
10 pieds environ de haut, mais elle eft de cuivre & enchaffée dans des plaques de marbre, à
l'imitation des plus belles méridiennes.   On
avoit projetté d'en conftruire une dans la belle
églife de l'Annonciade qui feroit très bien fituée
pour la direction du fud au nord, mais le projet
n'a pas laiffé de rencontrer des difficultés.

La Bibliotheque de ce College eft fermée,
parce que depuis l'extinction de l'ordre on n'en
a pas difpofé encore; & j'ai vu dans une falle
une autre Bibliotheque des Jéfuites, dans des
armoires fermés à clé, avec un globe & quelques petits inftrumens de cuivre.

Mais à propos de Bibliotheques, croiriés
Vous, Monfieur, que je n'ai appris que ce même jour qu'il n'y a pas moins de 3 bibliotheques

publiques à Genes: celle de Mr. l'Abbé *Franzoni*, noble Génois, rue *de' Banchi*, laquelle eſt publique tous les jours & tout le jour; celle de l'Abbé *Berio*, demeurant *Nel campo* près *Foſſatello*; enfin celle des *Prêtres Miſſionnaires*, près de l'égliſe de Ste. Catharine. Aucun voyageur n'a parlé de ces Bibliotheques; je ſuis fâché de n'avoir plus eu le loiſir de les voir, mais je me conſolerois moins encore de n'en avoir pas ſçu l'exiſtence plûtôt, ſi on pouvoit tirer quelque fruit réel de l'aſpect de pluſieurs centaines de tablettes chargées de livres; car c'eſt pourtant à quoi ſe réduit presque toujours la vue d'une Bibliotheque, pour un étranger, quand il n'eſt pas à demeure pour quelque tems dans un lieu, ou qu'il n'eſt pas préciſement occupé de quelques recherches particulieres.

J'ai paſſé la ſoirée à l'opéra, toûjours *il geloſo*: mais auquel je me ſuis chaque fois plu d'avantage; j'étois en compagnie dans une loge & n'ayant pu me diſpenſer de reſter pour le bal, je me ſuis paſſablement ennuyé jusqu'à 4 heures du matin; il faiſoit d'ailleurs très chaud.

Le 16. Février.

Un réligieux, Profeſſeur de morale, m'a mené ce matin voir la Bibliotheque de Mr. *Gentili*, Sénateur, au coin de la place *de' Banchi*;

elle eſt grande & choiſie & fait honneur aux lumieres du Poſſeſſeur; il ſuffit de Vous nommer la grande Encyclopédie, les Mémoires de l'Acad. des Sciences de Paris, les ouvrages de *Fra Paolo*, les antiquités d'*Herculanum*, la gallerie *Giuſtiniani*, les plans de *Caſerta* &c. pour Vous en donner des preuves. J'ai trouvé dans la même ſalle un Téleſcope Grégorien de *Short* de 2 pieds de foyer; des lunettes dioptriques, des microſcopes, & d'autres inſtrumens de Phyſique. Mr. *Gentili*, poſſede auſſi un grand nombre de tableaux, mais médiocres à l'exception d'une Madonne qu'on dit de *Raphael* & qui eſt un tableau tellement ſupérieur à tous les autres, que je ſuis porté à le croire original.

Le même complaiſant réligieux, dont je ſuis fâché de n'avoir pas bien entendu le nom, m'a offert de me procurer auſſi la vue de la Bibliotheque du Collège & de celle de Mr. *Marcellino Durazzo;* malheureuſement j'avois mes viſites de congé à faire & d'autres occupations indiſpenſables — & les jours ſont ſi courts dans cette ſaiſon. J'ai diné pour la derniere fois chés le tout aimable & réſpectable Mr. *de Boyer de Fonscolombes* & j'ai fait une apparition à l'opéra. Je vais fermer à préſent cette lettre, après avoir Vous avoir fait part encore de quelques remarques détachées que j'ai recueillies.

ʼOn ne danſe pas à l'occaſion des Nôces; mais elles ſont ſuivies de quelques jours de fête, parmi la Nobleſſe, & le jour des Nôces l'époux eſt habillé richement à l'Eſpagnole.

Il y a peu d'appareil pour les enterremens & les bâtemes. Les cercueils ſont tout à fait ſimples; les réligieux qui deſſervent l'égliſe dans laquelle le mort doit être enterré, cherchent le corps, & on le porte: il n'y a point de voitures.

J'avois avec moi le *voyage hiſtorique & politique de Suiſſe, d'Italie & d'Allemagne.* 3 vol. Francfort 1736 - 1743, & on m'a fait ſur quelques paſſages de l'article de *Genes,* dans ce livre, les remarques ſuivantes:

Sur T. II. p. 396: Que le *cicisbeïſme* eſt devenu encore plus commun parmi ceux qui ne ſont pas nobles, & que ſi on ne donne pas la chemiſe, ſouvent on fait pis.

Sur p. 399: Que les Marchandiſes payent auſſi un léger tranſit en ſortant par mer, & un tranſit gueres plus fort en paſſant par terre ferme, & que ce n'eſt que pour la ville que la Douane eſt en effet rigoureuſe. Cette remarque concerne auſſi Mr. l'A. *Richard* (Deſcr. de l'Italie T. I. p. 128.) qui a copié ici quelques pages de ſuite, du *voy. hiſt. & pol.*

Sur p. 402: Que ce qu'on nommoit *la foire de Novi* n'exifte plus à Genes, mais qu'elle a lieu encore à Livourne.

Sur p. 404: Que c'eft au printems & non en Automne que fe donnent les grands opéras; le monde étant à la campagne en Automne.

Sur p. 405: Que le caffé où on ne prenoit que des bouillons, n'exifte plus, fi tant eft qu'il ait jamais exifté.

Le même Auteur a eu tort de dire à la p. 397. qu'il n'y a de palais magnifiques que dans *Strada nuova*; que font donc les bâtimens de Strada *Balbi*, des places de *Forni*, de l'*Annunziata*, de l'*Amorofo*; le palais *Spinola* & tant d'autres répandus dans Genes & dans la *Cità nuova*? il fe peut à la vérité que quelques uns ayent été bâtis plus nouvellement (car l'Auteur a voyagé au commencement du fiecle,) mais ce qui me furprend c'eft qu'on puiffe faire le même reproche, à peu de chofe près, à l'Auteur des *Obfervations de deux gentilshommes Suédois*, lequel place, à tort auffi, dans *Strada nuova* le beau palais des Jéfuites qui eft fitué dans *Strada Balbi*.

Voici quelques remarques encore qui regardent Mr. l'Abbé *Richard*, dont on m'a prêté l'ouvrage.

Sur T. I. p. 123 : Le compliment tant de fois répeté qu'on prétend se faire au Doge, quand il quitte sa charge, peut avoir eu lieu autre fois, mais il ne se fait plus. & ce que j'ai pu apprendre de moins incertain sur ce sujet, c'est que le Doge s'en va de lui-même une heure ou quelque tems avant qu'on lui donne ce congé.

Sur p. 125 : Le détachement des prétendus *Suisses* est de 100 hommes, dont 60 portent les larges culottes & les autres attributs de l'ancien habillement Suisse.

Sur p. 130 : C'est la *Piazza Amoroso* qui est au bout de *Strada nuova*; je ne sache pas qu'on l'appelle aussi *Doria*.

Sur p. 132 : Le pont de Carignan, qu'on dit que le Patricien a fait bâtir pour pouvoir aller plus commodément à l'église, n'est pas assés large pour 4 carosses de front : au lieu d'arbres, il faut y placer des bancs d'ardoise, & ce n'est pas de l'esplanade qui le termine qu'on a la belle vue dont l'Auteur parle; pour en jouir il faut passer l'église de Carignan.

Sur p. 136 : L'Auteur confond l'église de *St. Ambroise* avec celle des Jésuites.

Sur p. 138 : Comment a-t-il pu oublier le bas-relief admirable de *Michel-Ange* dans l'église de l'*Albergo* ?   *Sur*

Sur p. 145: Les Marchands ne viennent jamais traiter de leurs affaires dans cette Loge. (Voyés plus haut p. 35.)

Sur p. 147: On dit que Mr. *Durazzo* n'a jamais voulu vendre la copie (de son fameux tableau de la Madeleine) dont parle Mr. l'A. R. afin qu'on ne s'avisât pas un jour de la faire passer pour l'original; des Anglois ont voulu l'acquérir.

Sur p. 148. 149. *Brignoletti* lisés *Brignolé,* & *Mezzanino* lisés *Mezz'arie.*

Sur p. 151: Les auberges ne sont pas tant cheres à Genes, pour des voyageurs ordinaires. J'ai mangé à une très bonne table d'hôte à 3 liv. 10 f. de Genes (environ 15 gros) pour le diner & j'ai payé 1 liv. 10 f. pour la chambre. Les marchands sont traités, je crois, encore à meilleur compte.

Sur p. 152: Le peuple mange encore plus de ce qu'on nomme *farinata* & *paniza,* gâteaux fait de blé de turquie. — *ibid.* Le terme de la permission de rester à Genes est de 4 jours, à ce qu'on m'a dit, pour ceux qui sont dans les auberges. On ne s'embarrasse pas de demander cette permission; l'aubergiste, qui a tous les jours de ces billets, qu'on nomme *billets de consigne,* à renouveller, en fait son affaire & c'est sur lui que tombe en

Tom. III. D

cas qu'il le néglige, la punition, c'eſt à dire une amende de 500 liv. La loi eſt aſſés rigoureuſe ſur ce point. Un particulier qui logeroit un étranger ſans prendre pour lui, ſur le champ, un de ces billets, ou ſans que l'étranger lui-même ait ſoin d'en prendre un, risqueroit toûjours de payer l'amende à moins d'un nom bien connu & protégé; mais on obtient ſouvent de ces billets pour loger en maiſon bourgeoiſe, pour plus longtems; j'en ai eu un pour un mois. — *ibid.* On ne m'a pas queſtionné ſur les armes à feu; & on s'eſt contenté auſſi à mon égard d'ouvrir ma malle ſans la fouiller.

Sur p. 161: On a même de l'indulgence pour ce qui regarde directement la ſûreté des citoyens; les coups de ſtilet ne ſont que trop fréquens encore, entre les gens du peuple, & il arrive quelquefois des exemples que d'autres perſonnes en ſont les victimes par des mépriſes. On ne laiſſe pas cependant d'aller de nuit avec confiance dans les rues.

Sur p. 172: Et les Libraires de Milan?

Sur p. 180: Je n'ai pas vu la piece de Taffetas; la plûpart des femmes ont un toupet; ce qui n'empêche pas que le reſte ne ſoit vrai.

Je doute que les Artiſans portent l'épée.

Je pourrois faire encore, Monfieur, plufieurs autres remarques; mais le compte que je
Vous ai rendu de mon féjour ici Vous mettra
en état d'y fuppléer, fi Vous prenés la peine de
confronter ma lettre avec la defcription de Mr.
l'A. *Richard;* & que de chofes d'ailleurs qui
m'auront échappé.   Je me contente de Vous
avoir donné cet échantillon.   Ne condamnés
cependant pas trop les voyageurs peu ou mal
inftruits; ne vous fcandalifés pas quand Vous
trouvérés leurs rélations peu exactes ou pas affés
completes; rien de plus difficile que d'obtenir
des renfeignemens fideles & fuffifans, même des
gens du pays.   On l'a écrit bien des fois & je
fuis intéreffé plus que perfonne à Vous en faire
fouvenir (*).   Je fuis &c.

(*) Voilà pour Genes un extrait fidele de mon Journal. Je
n'ai pas voulu me vanter d'avoir vu des chofes que je
n'ai point vues ni en parler; je n'ai pas voulu paffer
pour avoir employé mon tems plus utilement que je ne
l'ai employé en effet.   J'ai même gliffé fur quelques détails trop rebattus, de peinture, fculpture &c. On trouvera indiqué plus au long ce qu'il importe de favoir pour
féjourner avec plus de fruit à Genes, dans le 2d Tome
de mes *Zufätze* pp. 773-798, (en y comprenant la
Côte, jufqu'à p. 813.) & dans les livres que j'y cite.
J'obferverai la même méthode dans les lettres fuivantes
en faifant même grace aux lecteurs, le plus fouvent, des
remarques trop feches de la nature de celles qui termi-
nent cette lettre-ci.

LETTRE X.

de Milan, le 26. Février.

Monsieur,

Mon intention étoit de me rendre de Genes par le plus court chemin à Parme, pour y revoir une personne que je regarde & que j'aime comme une sœur, & où je serai peut-être obligé de poser les bornes de mon voyage d'Italie; mais le nouveau chemin de Genes à Parme n'étant pas encore achevé & toute autre route également courte, étant sujéte à plus d'une difficulté; j'ai pris le parti de passer par Milan, où je suis depuis près de 8 jours dans le bruyant tourbillon du Carnaval & d'où je Vous envoye la suite d'un Journal qui fera faire Carême à un homme avide comme Vous l'êtes de Vous instruire.

Le 17. Février.

Je me rendis de bonne heure chés mon Compagnon de voyage, Mr. *Salvini,* un Négociant établi en Suisse & ami de quelques personnes de ma connoissance; il étoit logé à côté de l'hôtel de Ste. Marthe, où eſt la poſte, & nous partîmes dans une chaiſe de poſte, ſur les 9 heures. Le tems étoit très beau & je fus enchanté du magnifique faûbourg d'*Arena*, ainſi que du commencement de la ſuperbe chauſſée *Cambiaſo* dont j'ai déjà parlé; mais bientôt nous fîmes la traite la plus déſagréable dans le lit du torrent *Polcevera*, à travers l'eau & de groſſes pierres, & lorsque j'ai vu que peu auparavant il falloit faire à peu près toute la premiere poſte dans ce chemin presqu'impraticable & qui ſouvent l'eſt entierement & arrête les voyageurs: lorsque j'ai vu tout cela, je n'ai plus gueres fait de cas de tout ce que la ſéréniſſime République a exécuté pour embellir la ville en attendant qu'un particulier entreprit généreuſement l'ouvrage le plus néceſſaire; il ſe peut que la politique, ainſi qu'on me l'a dit, ait été le motif de cette négligence; mais un voyageur, quand il ſe voit en danger de ſe noyer ou de ſe briſer les côtes, a l'oreille ſourde pour les raiſons de politique.

Nous changeâmes de chevaux, mais pas encore de chaiſe, à *Campo Mari* & nous eûmes de nouveau un bel & bon chemin pavé en paſſant la *Bocchetta*; c'eſt ainſi qu'on nomme la continuation de l'Apennin, qui garantit ſi bien les citronniers de Genes, des vents du Nord. J'ai revu alors de la neige & de la glace; & la dif-

férence du climat en deçà & au delà de la Bocchetta eft bien confidérable. Nous changeâmes la feconde fois de chevaux à *Voltaggio*
fitué fur la montagne; la plaine dans laquelle
nous redefcendimes eft belle, & préfente un
payfage flamand; on y voit beaucoup d'aûnes;
les châtaigners n'y font pas rares non plus, furtout fur la pente de la montagne. A 4 heures
nous arrivâmes à Novi, & bientôt après nous
paffâmes la *Strivia* dans un bâteau également
pointu par les deux bouts; ce fut l'affaire d'un
inftant, le torrent n'ayant alors que très peu
d'eau; on voulut cependant nous rançonner &
nous faire payer 7 liv. de Genes; nous en fumes quittes pour 4, mais en emportant, au lieu
de remercîmens, quelques menaces du ftilet pour
une autre fois.

Arrivés à *Tortone*, fur terre de Piémont,
à 6 heures; nous donnâmes notre nom à la porte & quelque monnoye aux vifiteurs, & à l'auberge on nous fit prendre pour 12 fous, un bulletin de permiffion pour avoir des chevaux.
Nous foupâmes & couchâmes à Tortone & on
nous écorcha fous le prétexte que les vivres
étoient rares, parce que 7000 hommes travailloient aux fortifications; par où Vous apprenés
du moins, Monfieur, que le Roi de Sardaigne
met cette fortereffe dans un état refpectable.

Le 18. Février.

Partis après 6 heures. Arrivés à *Vogherra* à 8 h. Difficultés du maître de Poste fur le prix du cheval, fur le poids des Ducats, & pour nous obliger de prendre un 3ᵉ cheval, fous le prétexte des mauvais chemins & de la forte ftation jusqu'à Pavie. Ajoûtés à cela que de même qu'on paye 1½ pofte de Tortone à Vogherra au lieu d'une pofte, on en paye 2 de Vogherra à Pavie au lieu de 1½. Il eft vrai que les chemins étoient très limoneux, mais moins cependant qu'entre Pavie & Milan; j'obfervetai auffi pour l'inftruction des voyageurs, qu'on ne paye pas le cheval furnuméraire au même taux que les autres.

A midi nous paffames le *Po*, ou fi vous voulés, l'*Eridan;* on fouilla légérement & on plomba nos malles, & nous voilà à Pavie: belle & grande ville, où je fus charmé de refpirer dans des rues larges & de voir le foleil: avantage dont on eft presqu'entierement privé dans les rues de Genes. Nous defcendimes à la Croix blanche, une fort bonne auberge où nous fîmes très bonne chere en maigre; Vous n'avés peut-être jamais mangé de la foupe au frais de poif-fon; du cervelat & de l'andouille de poiffon; des petites fauciffes d'herbes &c. En attendant ce dîner, nous vîmes le fuperbe théatre bâti nouvellement aux fraix de quatre nobles Milanois (*); il eft tout en pierre & d'une très belle architecture, à 4 rangs de loges; orné de beaucoup de peinture & de dorure; aux côtés du *profcenium* font deux belles ftatues; une élégance recherchée regne dans les loges, & des colonnes nichées les féparent les unes des autres; ce magnifique théatre a coûté, dit-on, près d'un million de nos écus; n'eft ce pas une dépenfe pouffée trop loin dans une ville qui n'a que 30000 ames? — Nous vîmes auffi la ftatue équeftre de bronze, connue fous le nom de *Regifola* & qui me paroît avoir été faite après la décadence de l'Empire & furtout après celle du goût. De plus: la *Cathédrale*, remarquable par une des plus vaftes coupoles, & la grande églife du beau couvent des Auguftins.

Après le diner, je fis une vifite au Pere Dom *Gregoire Fontana*, Scolopie, Profeffeur des mathématiques, & un des plus grands Géometres qui depuis longtems ayent fleuri en Ita-

____

(*) Savoir: le Ce. Don *Francefco Gambarana Beccaria*, le Marquis D. *Pio Bellifomi*, le Marquis D. *Luigi Bellingeri Provera*, & le C. D. *Guifeppe de' Giorgi Viftarini*; le 2 & le 3me de ces Meffieurs font Chambellans de LL. MM. II. RR. & tous quatre font qualifiés de *Regj feudatarj, Patrizj Pavefi, Compadroni dello Steffo Teatro*, dans le livre de l'opéra que j'ai vu repréfenter à Pavie.

lie (*).　　Il me reçut avec beaucoup de politeſſe & de cordialité & je ne tardai pas à découvrir en lui bien des connoiſſances étrangeres à la ſcience dans laquelle il ſe diſtingue particuliere-ment.　　Il demeure au Collège de *Pie* V. bâti-ment magnifique orné de beaux portiques & de la ſtatue de ce Pape.　　C'eſt dans ce Collège auſſi que ſe trouve la Bibliotheque de l'Univer-ſité, dont le Pere *Fontana* eſt Bibliothécaire; il étoit difficile de mieux choiſir, ce ſavant poſ-ſedant pluſieurs langues mortes & vivantes, ſans en excepter l'allemand, & ayant beaucoup de goût pour la littérature.　　Il a ſoin de ne four-nir cette Bibliotheque que des meilleurs livres de tous les pays & les moyens ne lui manquant pas, à cauſe de l'attention particuliere que la Cour impériale & ſon grand Miniſtre à Milan, donnent aujourd'hui à l'Univerſité de Pavie, il eſt très probable que dans peu de tems cette Bibliotheque, dont l'origine eſt très récente, ſera une des plus conſidérables en Italie, ſurtout pour la valeur intrinſeque & l'utilité réelle des livres.　　J'ai trouvé ici les ouvrages allemands de MM. *Lambert* & *Kæſtner,* à quoi je ne m'at-

D 5

(*) Les excellens ouvrages du P. *Fontana,* dont on trouve la liſte nombreuſe dans mes *Zuſætze* T. III. p. 762. 763. juſtifient amplement cette aſſertion.

tendois pas fitôt dans ce pays. On a commencé aussi à former des collections d'histoire naturelle & de Physique, lesquelles ne peuvent manquer de prendre des accroissemens également rapides (*). — On compte ici env. 500 Étudians.

Nous fûmes joints par un autre aimable & savant Réligieux: le P. *Barletti*, Professeur de Physique, qui s'occupe beaucoup de l'électricité, dans laquelle il semble qu'il éclaircira bien des choses qui en ont besoin (**). Nous allâmes ensemble au College Borromée, où je vis avec plaisir les beaux portiques à colonnes couplées & avec plus de plaisir encore une salle peinte à fresque par les *Zuccheri*, lesquels y ont représenté lés principales époques de la vie de St. *Charles Borromée*. Ces Peintures, anciennes de deux siecles, ou environ, font encore d'une fraîcheur

(*) Ces différentes collections se font en effet augmentées singulierement en très peu de tems. Dès le 13. Janvier 1777. le P. *Fontana* m'écrivit que leur collection des mémoires de toutes les Académies, dans les langues originales, étoit actuellement complete; il n'y a peut-être pas de Bibliotheque en Europe qui puisse en produire une semblable. Il ajoûta peu de mois après: qu'on venoit de faire l'acquisition de tous les ouvrages les plus précieux d'Histoire naturelle, de Botanique, de Minéralogie, de Métallurgie &c. & que les collections d'histoire naturelle & d'instrumens de Physique, distribuées dans deux salles de l'Université, avoient été mises dans ces deux dernieres années au point de pouvoir déjà aller de pair avec les meilleures de la Lombardie.

(**) V. Zusätze T. II. p. 760.

étonnante, & j'admirai particulierement la vérité avec laquelle la pefte de Milan eft rendue.

Ces Meffieurs me menerent enfuite chés Mr. *Leporini,* un Amateur des Sciences qui réunit tous les foirs chés lui une petite affemblée de gens de lettres; j'y eus le plaifir de faire la connoiffance du P. *Luino,* jeune mathématicien de beaucoup de mérite & qùi m'étoit déjà connu par des ouvrages. J'aurois fort fouhaité de faire auffi celle dù célebre Abbé *Spallanzani,* mais nous paffâmes chés lui fans le trouver.

Le refte de la foirée fût donné à l'opéra; on joua celui de *Démofoon,* de la mufique d'*Anfoffi,* célebre Maître de chapelle Napolitain. Il n'y avoit qu'un feul caftrat, mais bon chanteur & d'une très belle figure; il fe nomme *Adamo Solzi;* les autres rôles d'hommes étoient remplis par des femmes, à l'exception d'un *tenore.* Les ballets étoient de la compofition de Mr. *Gafp. Burci,* Maître de ballets aĉuel de l'Éleĉeur de Baviere; une Sig. *Clementina Pianazzi* y fit merveille; & une Sig. *Marianna Lamberti,* me plut beaucoup par fa figure; mais ce qui me fit le plus de plaifir, c'eft qu'un des ballets repréfentoit le Triomphe du Comte *Orlof* (nommé ici *Orlofè*) après la viĉoire de Tchefme. Je fus très content de l'invention, de l'exécution & des décorations. Le froid

qu'il faifoit dans ce bâtiment de pierre, me chaf-
fa cependant avant la fin du fpectacle.

Le 19. Février.

A $7\frac{1}{2}$ du matin nous repartîmes de Pavie;
je regrettai beaucoup de quitter cette ville fitôt,
& fi j'avois été feul j'y aurois certainement fait
un plus long féjour; le complaifant P. *Fontana*
augmenta encore mes regrets en me faifant une
vifite de grand matin avant notre départ (*).
A une lieue de Pavie nous vîmes la fameufe
Chartreufe, à la droite, au bout d'une longue allée; mais preffé d'arriver bientôt à Milan pour
me dédommager, s'il étoit poffible, des connoiffances que je laiffois à Pavie, je fus bien aife
que mon Compagnon de voyage n'infiftât pas
pour que nous fiffions un détour par la Chartreufe; ç'auroit été l'affaire feulement d'une
$\frac{1}{2}$ pofte de plus, mais d'un jour de tems, fi nous
avions voulu voir ce riche couvent autrement
qu'en courant, & Mr. *S.* lui-même étoit plus preffé que moi pour fes affaires.   Nous changeâmes
de chevaux à 9 heures, & vers midi nous arrivâmes à Milan, toûjours par des chemins tirés
au cordeau, mais alors extrêmement boueux.
Nous defcendimes aux *trois Rois*, grande & affés bonne auberge.

(*) V. fur *Pavie* plus en général les *Zufætze* Tom. II.
p. 751-770.

J'allai chés Mr. *Bonnet*, Négociant Génevois pour lequel j'avois une lettre & qui a eu
beaucoup d'attentions pour moi; il me mena
auſſitôt dans ſa voiture au *Cours*: la grande
promenade de Milan, très fréquentée, mais qui
n'eſt qu'une rue pavée, très longue & très large. De là je paſſai chés le P. *Friſi* & j'eus le
plaiſir de connoître perſonnellement enfin un
Géometre pour lequel j'avois depuis longtems
une vénération particuliere & qui vous ſera trop
connu de réputation pour qu'il ſoit néceſſaire
de Vous parler de la profondeur de ſes connoiſſances & de ſes recherches. Il travaille actuellement à un ouvrage de mécanique & d'hydro-
dynamique duquel on peut ſe promettre d'avance beaucoup d'utilité & de nouvelles lumieres (*).

A 7 heures j'allai avec Mr. *Bonnet* à l'opéra, *Alexandre aux Indes*. J'entendis peu de
choſe, étant dans une loge aſſés éloignée, mais
j'eus la ſatisfaction de voir un de ces ballets

(*) Le P. *Friſi* a obtenu depuis du Pape d'être ſécularifé &
il ſe qualifie à préſent d'*Abbé*. J'ai indiqué dans mes
Zuſätze T. I. p. 86. ceux de ſes ouvrages les plus nouveaux alors; il a publié nouvellement encore un écrit *della
maniera di preſervare gli Edifizi dal fulmine;* une nouvelle édition de ſon Eloge de *Galilée* en y joignant, celui de *Bonav. Cavalieri*, Milan 1778. 8. & ſurtout ſes
*inſtituzioni di Mecanica, d'Idroſtatica, d'Idrometria e
dell' Architettura ſtatica e Idraulica* 1777. de 447 pages
in 4to avec des planches.

héroïques de *Noverre*, dont je n'avois encore qu'une idée très imparfaite, par de courtes defcriptions & par le livre de *Noverre* fur la danfe; il faut avouer que c'eft un fpectacle qui enchante. Nous avons dans nos troupes beaucoup de fujets qui font en même tems Acteurs & Danfeurs, mais je ne fais comment ils réufliroient dans ce genre gracieux qui démande tant de délicateffe & d'intelligence : je ne voudrois pas feulement qu'ils l'entrepriffent : laiffons les hûrler leurs Drames lugubres, leurs pieces monftrueufes, & rions des autels qu'on dreffe fans difcernement aux hiftrions les plus pitoyables, tout comme à quelques uns de nos acteurs & actrices qui méritent véritablement les éloges d'un homme de goût. Je puis Vous communiquer, Monfieur, tout le plan de *Renaud & Armide*, le ballet que j'ai vu; on l'achête imprimé, à l'entrée du fpectacle.

Vous connoiffés le Théatre de l'Opéra de Milan, par les defcriptions de Mrs. *Cochin*, *de la Lande*, &c. & Vous favés qu'il paffe pour le plus grand qui foit en Italie, au moins de ceux fur lesquels on joue. Il a 4 rangs de loges, chacun de 33 loges, fans compter le paradis. Il m'a paru trop uni, trop dénué d'ornemens & de reliefs, furtout pour fa grandeur; ici des pilaftres ou des colonnes entre les loges auroient été d'un bon effet & il n'y en a point (*).

Après l'opéra je foupai avec la compagnie de Mr. *Bonnet,* dans une chambre de la maifon de Spectacle & je revins dans la loge pour voir le bal; à la longue je regrettai de ne m'être pas mafqué, pour entrer au parterre, quelqu'amufant qu'il foit de voir un fi grand emplacement remplis de mafques danfans, circulans, s'agaçant &c.; & notés que j'en eus jusqu'à 3 heures du matin.

Le 20. Février.

Ce matin j'eus, moyennant une lettre de recommandation du P. *Fontana,* une audience très gracieufe de S. E. Mr. le Comte *de Firmian,* Chevalier de la Toifon d'or, Miniftre plénipotentiaire de LL. MM. II. dans la Lombardie autrichienne. &c. &c. Vous favés déjà, Monfieur par nombre de dédicaces les qualités extraordinaires de ce grand Miniftre, & par les relations d'autres voyageurs, l'accueil qu'il a coûtume de faire aux gens de lettres qui paffent par Milan; les éloges que l'admiration & la reconnoiffance ont dicté à ces auteurs ne femblent

---

(*) Ce théatre, ayant été confumé par le feu, le dernier jour du carnaval de l'année fuivante, on en a rebâti un autre.

plus rien laisser à dire: soyés persuadé cependant que peut-être aucun n'a réussi à peindre fidélement & sans rester audessous de l'original, cet homme d'Etat tout à fait unique: il faut le voir & le fréquenter soi-même pour sentir dans toute sa vérité l'impression que peuvent faire la physionomie la plus propre à captiver, une affabilité soûtenue, un savoir étendu & une application constante à faire le bien, quand on voit ces qualités réunies dans un homme aussi élévé en autorité.

Je fis encore d'autres visites & j'entrai en passant dans les belles églises de la *Passion* & de *St. Alexandre* & dans les cours superbes du College helvétique & du grand Hôpital.

Après le dîner, des lettres à écrire ne m'ont permis que de passer une partie de la soirée chés le P. *Frisi* où j'ai fait la connoissance de Mr. son frere, & du Pere *Rè;* le premier est chanoine de la cathédrale à Monza, à quelques lieues de Milan, & savant dans l'histoire & les antiquités (*); le second est du même ordre que le P. *Frisi,* Barnabite; il est surintendant des eaux dans le Duché de Mantoue; Mr. *de la Lande* en a déjà fait l'éloge, comme d'un habile ingénieur

______

(*) V. *Zusätze* T. I. p. 101. où j'indique un ouvrage, qu'il a publié.

nieur & en citant fes ouvrages au T. I. de fon voyage à la p. 370.

Le 21. Février.

Ce matin j'ai fait au Collège de Brera, qui appartenoit autrefois aux Jéfuites, la connoiffance de Mr. le Baron *de Cronthal* & de MM. les Abbés *de Céfaris* & *Reggio;* trois jeunes exjéfuites d'un grand mérite & tous trois Aftronomes; ils travaillent affidûment à l'obfervatoire qui appartient à ce collège, fous la direction de Mr. l'Abbé *de la Grange,* Directeur de cet obfervatoire. MM. *de Cronthal* & *Reggio* font en même tems Profeffeurs: le premier de Mathématiques, le fecond d'Optique, dans le Collège, lequel continue fous la dénomination de *Collège Royal* d'être un établiffement confacré à l'éducation de la jeuneffe; quant à Mr. l'Abbé *de Céfaris,* il s'eft chargé, à côté des obfervations, d'un travail bien rude, en commençant une fuite d'Ephémérides dont le premier volume vient de paroître pour cette année *1775,* avec une appendice intéreffante de quelques très bons mémoires de MM. *de la Grange* & *Reggio;* en un mot, c'eft un fort beau début (*).

(*) Ces éphemérides continuent de fe publier avec le même fuccès; & les mémoires & obfervations qu'on y joint leur conferveront toujours un degré d'utilité. On peut

Mes trois aimables & complaifans aftronomes me firent voir le magnifique college qu'ils
habitent & dont l'architecture intérieure a un
air de grandeur particulier; enfuite l'églife des
Jéfuites *St. Fedele*, & non loin de là celle *del
Giardino*, remarquable par une voûte d'une lar-
geur extraordinaire; l'Obfervatoire fut réfervé
pour un autre jour. Il me falloit aller prendre
le P. *Frifi*, pour nous rendre chés le Comte de
Firmian, où nous étions invités à diner. Je ne
Vous dis rien, Monfieur, de la fplendeur du
repas; tout répond chés ce Miniftre à la magnificence qui convient à fon rang; mais je voudrois pouvoir Vous nommer tous ceux qui
étoient de notre nombreufe compagnie; parce
que le Comte raffemble dans les fréquens dîners
qu'il donne aux favans de Milan, les gens les
plus diftingués par leurs ouvrages ou par leurs
talens: malheureufement je n'ai, foit appris foit
retenu, que le nom de Mr. l'Abbé *Fremond*,
qu'on me dit très verfé dans le mécanique. —
J'oubliois de Vous dire que j'ai fait auffi ce matin chés le P. *Frifi*, la connoiffance d'un jeune
& habile Mathématicien de l'ancienne & célebre maifon des *Vifconti*.

voir plus de détails fur cet ouvrage dans le IIIe Tome
de mon Recueil & dans mes nouvelles littéraires: aux
articles *Italie*.

Différentes affaires me retinrent longtems après le dîner chés Mr. *Bonnet;* mais je vis encore ce foir au College Impérial, où le P. *Frifi* demeure, une Comédie repréfentée par les jeunes Nobles qui font leurs études dans ce College. Leur théatre eft beau & affés grand & il vaut les théatres publics de mainte capitale. Les décorations & les habillemens méritent encore plus d'éloges; rien n'y eft épargné; mais auffi ces dépenfes fe font-elles de la bourfe des jeunes gens qui donnent le fpectacle, & ce ne font ordinairement que les plus riches qui afpirent à monter fur la fcene.

La piece qu'on a jouée étoit l'*Homme fingulier* de *Deftouches,* traduite en Italien; la plûpart des acteurs ont très bien rendu leurs rôles & il n'y a rien eu de choquant du tout à voir ceux de femmes remplis par de jeunes gens de notre Sexe; on a foin de choifir de beaux imberbes pour ces rôles.

Il y a eu un ballet auffi; & c'eft ce ballet furtout que je voudrois que Vous euffiés vu: un ballet héroïque dans les formes; orné de tout fon fpectacle & de très belles décorations; exécuté en grande partie avec une intelligence & une perfection qui Vous auroient véritablement étonné: Quelques uns de ces jeunes gens danfent avec une foupleffe, une fermeté & une for-

ee, à faire paroſi aux meilleurs danſeurs de pro-
feſſion.   Le titre du ballet étoit *Roland le furieux ;* ſujet ſuſceptible de beaucoup d'action &
de changemens & qui a été bien rempli.

Le 22. Février.

Il n'étoit gueres expédient ni pour ma bourſe, ni pour mon repos, de reſter à l'auberge à
Milan, les dernieres ſemaines du Carnaval ; auſſi
avois-je cherché déjà hier & avanthier une
chambre en maiſon bourgeoiſe, mais inutilement, tant l'affluence du monde eſt grande ici dans
ce tems de l'année ; je fis encore quelques recherches inutiles ce matin ; enfin Mrs. *Reycends,*
Libraires ſur la grande place, auxquels j'avois
été recommandé, eûrent la bonté de me tirer
d'embarras avec beaucoup de complaiſance &
de déſinterreſſement,   en me donnant une
chambre chés eux, d'autant plus agréable pour
moi que j'y ai la vue ſur la place.   Je n'ai pas
différé de prendre auſſitôt poſſeſſion de mon
nouveau logement & tout ce que j'ai pu faire
aujourd'hui a été d'aller chés le P. *Friſi* qui
me mena voir encore 2 actes de la Tragédie de
Jeſté ; car il faut ſavoir que les jeunes Nobles
jouent ordinairement 3 différentes pieces, pendant le Carnaval : une tragédie, une grande comédie & une petite piece.   Ils donnent auſſi

deux ballets différens, de même que celà se fait au grand théatre; savoir un ballet héroïque & un ballet plus court & d'un genre plus simple. Ils font imprimer une grande affiche où les tîtres de leurs pieces & de leurs ballets, avec la distribution des rôles, sont indiqués. La piece d'aujourd'hui est un original Italien qui n'est pas encore imprimé, & on en fait cas. C'est surtout dans la tragédie que les jeunes gens se distinguent par la dépense en habillemens; ceux d'aujourd'hui étoient magnifiques.

Mgr. le Cardinal *Pozzobonelli*, Archevêque de Milan, avoit assisté à cette représentation & au sortir du spectacle j'eus l'honneur de lui être présenté. Son Eminence me parla avec beaucoup de bonté & d'affabilité; elle est en grande vénération à Milan & je fais par plusieurs traits que cette estime est très fondée; d'ailleurs on peut toûjours plûtôt croire ceux qui louent, que ceux qui blâment.

Le 23. Février.

Ce matin, Monsieur, j'ai revu un observatoire; mais un observatoire comme il y en a peu; celui de Milan est certainement un des plus beaux, des plus commodes & des mieux fournis que je connoisse. Mr. l'Abbé *de la Grange*, auquel j'avois fait ma visite, a eu la bonté de m'y mener lui-même & de me donner avec

beaucoup de complaifance tous les éclairciffemens que je pouvois défirer, en forte que je dois
être en état de Vous donner une defcription affés claire & détaillée de l'obfervatoire Royal de
Milan; j'en ferai l'effai; mais je vous l'enverrai
féparément; il me faut quelque tems pour mettre mes remarques en ordre.   Je n'aurai pas befoin au refte de Vous faire connoître Mr. l'Abbé *de la Grange;* Vous faurés fans doute qu'il
a été attaché à l'obfervatoire R. de Marfeille,
comme adjoint du P. *Pezenas,* & qu'il a eu
grande part aux excellens mémoires rédigés à
cet obfervatoire en 2 vol. in 4to dont je Vous
ai parlé dans une de mes lettres précédentes (*).

Il faifoit fi froid dans ce bel obfervatoire
que j'ai cru au fortir avoir été dans le mien;
mais auffi longtems que j'y étois il n'y avoit pas
moyen de prendre la change: la différence entre notre vilaine tour & ce bâtiment fi élégant
& fi approprié aux befoins des Aftronomes eft
trop grande.

Je revins, accompagné des deux jeunes Abbés, me réchauffer au foleil, fur la place du château; & j'eus le plaifir d'y rencontrer le Pere

(*) Mr. l'Abbé *de la Grange,* qui avoit remplacé à Milan
le célebre Abbé *Bofcovich* s'eft retiré peu après mon
voyage, à Mâcon-en Bourgogne, fa ville natale, & Mr.
l'A. de *Céfaris,* a aujourd'hui la direction de l'obfervatoire.

Barletti, de Pavie, qui étoit arrivé pour paſſer à Milan le reſte du Carnaval.

Ces Meſſieurs me menerent voir dans la
Cour du Marquis *de Reſcala*, rue des *Meravi-
glie* (à côté de Mr. *Bonnet*,) une peinture à
fresque, où l'illuſion eſt portée au plus haut
point; elle repréſente une maiſon avec une terraſſe, & une Gallerie ſous laquelle eſt l'entrée;
on ne peut rien voir de plus frappant (*).

Avant de dîner chés Mr. *Bonnet*, avec quelques Meſſieurs de Bergame, il me mena en bi-
routſche, voir le commencement du canal par
lequel on joint le lac de Côme avec l'*Adda*, c'eſt
un bel ouvrage & qui ſera d'une grande utilité
pour le commerce (**).

E 4

(*) J'ai appris depuis de Mr. *Carlo Galli Bibiena*, que
cette belle perſpective eſt d'un des plus habiles hommes
de ſa famille, ſi célebre dans ce genre de peinture. Celui que je viens de nommer & qui eſt très connu dans
toutes les cours de l'Europe n'eſt point mort, comme
il eſt dit dans la nouvelle Deſcription de Berlin & de
Potsdam. Il a quitté l'année paſſée le ſervice de Ruſſie
pour ſe retirer à Florence.

(**) Cet entrepriſe importante a été conduite heureuſement
à ſa fin en 1777. La riviere d'*Adda* a été rendue na-
vigable depuis *Brivio* jusques dans la vallée de *Paderno*
& le canal a été creuſé à grands frais à travers des rochers & des montagnes, pour ouvrir une communication
entre Côme & Milan.

Dans le même quartier hors de la ville, est le grand Lazaret, qui sert actuellement de casernes & d'écuries aux gardes du corps; c'est un immense bâtiment qui forme un quarré parfait, dont chaque côté à 500 de mes pas en longueur. Au milieu de la grande place qui en est la cour est une église & tout le bâtiment est orné de portiques vers cette cour; j'ai compté 128 colonnes portant les voûtes de ces portiques sur chaque côté; ce qu'on peut s'imaginer devoir former une perspective admirable. Ce bâtiment seroit très propre, comme l'observoit Mr. *Bonnet*, à y établir un foire.

Après le dîner j'ai fait un grand tour de promenade. J'ai vu la belle colonnade près de St. Laurent; c'est le principal reste d'antiquité & presque le seul à Milan; il consiste en 16 grandes colonnes sur une ligne; l'intervalle entre les 8 premieres & les 8 dernieres colonnes est plus grand que les autres entre-colonnemens; c'étoit apparemment l'entrée d'un temple; il est surmonté d'un arc qui interrompt la corniche, mais qui est évidemment plus moderne, de même que celle-ci.

L'église de *St. Laurent*, auprès de cette colonnade, est remarquable par sa figure octogone dont les côtés sont alternativement droits & circulaires; le tout ne laisse pas de faire une figure reguliere, ce que Mr. *Cochin* femble nier.

J'ai vu auffi l'églife de *St. Ambroife*, qui fe diftingue par des colonnes de marbre blanc, par une mauvaife ftatue équeftre & par une belle colonnade dans l'avant-cour.

Le foir je fuis retourné à l'opéra d'Alexandre; je fuis allé au parterre & de bonne heure; & malgré cela j'ai été mal placé. Il faut favoir que les bancs du parterre forment des files de fauteuils; que chacun de ces fauteuils a fon numéro & que les hommes qui reçoivent les billets dans la falle, Vous placent conformément au numéro du billet qu'on Vous a donné à la porte; enforte que Vous pouvés être le premier au fpectacle & obligé cependant de Vous contenter d'une des plus mauvaifes places. — On ne s'avife jamais de tout — je quittai la mienne avant la fin du fpectacle & le froid m'en auroit peut-être fait abandonner une meilleure.

Le 24. Février.

J'ai bien trotté aujourd'hui, tantôt feul tantôt avec le P. *Barletti,* qu'heureufement je rencontrai chés le P. *Frifi,* & qui eft le *Cicerone* le plus inftruit & le plus complaifant que je puiffe défirer. J'ai vu le grand Hôpital; une 15e d'églifes, & différens autres bâtimens remarquables. Je tâcherai de Vous en dire le moins que je pourrai, pour ne pas trop Vous ennuyer ni décrire ce que tant d'autres ont déjà décrit.

Le grand hôpital est un bâtiment immense; ayant 9 cours, savoir: une grande cour à portiques au milieu & 4 cours plus petites dans l'une & l'autre aîle; la façade un peu ancienne, n'en est pas moins très imposante; mais elle n'est pas achevée; elle ne garnit que le corps de logis principal & l'aîle à droite; mais on parle de la continuer enfin sur le même plan jusqu'à l'extrémité de l'édifice. Les malades m'ont paru bien soignés, mais pas aussi proprement qu'à Genes, & il y a beaucoup plus d'odeur.

Du côté de la campagne une longue allée tirée au cordeau, répond au milieu de la grande cour & se termine par le cimetiere le plus élégant que Vous puissiés Vous imaginer. *Il Fopone*, c'est ainsi qu'on le nomme, est un grand portique octogone, curviligne & alongé, de la forme la plus agréable & à deux rangs de colonnes d'un très bon goût d'architecture; au dessous de ce portique, qui est couvert & qui peut servir de promenade, se trouvent des caveaux de sépulture & je m'imagine qu'on enterre aussi dans l'espace renfermé dans cette enceinte, & au milieu duquel est une chapelle.

Non loin de là & près du grand-jardin des Dames *della Guaſtalla,* eſt un palais *Monti* qui mérite d'être regardé.

L'Hoſpice de S. Lucques, bâtiment très beau & tout neuf, mérite pareillement d'être vu; ſa forme eſt celle d'un grand corps de logis qui de l'un & de l'autre côté fait équerre avec deux ailes, & ces quatre ailes par conſéquent forment deux cours. Le grand eſcalier ſurtout eſt majeſtueux.

A *St. Celſo,* j'ai trouvé qu'on avoit reblanchi l'égliſe & mis de belles baluſtrades devant les autels; & j'y ai vu une Transfiguration par *Jules Céſar Proccaccini,* où le Chriſt a véritablement l'air qui me paroît convenir au ſujet, & ſublime. Pendant longtems on a méconnu le mérite particulier de ce tableau.

A l'égliſe de la *Madonna del Celſo,* qu'il ne faut pas confondre avec la précédente, ſe voyent dans la 2ᵉ Sacriſtie deux très beaux tableaux dont Mr. *Cochin* ne parle pas; & il y a différentes autres remarques à faire ſur la deſcription que MM. *Cochin* & *de la Lande,* nous ont donnée de cette égliſe, une des plus remarquables de Milan.

A *Sa. Catharina a luogo pio,* une belle freſque de *Bernardo Luino* & d'autres peintures méritent d'être vues.

Le hazard m'a fait obſerver auſſi dans cette tournée un ſpectacle qui faiſoit tableau pour le moment & qui m'a intéreſſé d'avantage que n'auroit pu faire le plus beau tableau permanent; c'étoit, dans le veſtibule d'une égliſe, le riche catafalque, avec tout ce qu'on nomme *gli apparati*, pour l'enterrement d'une jeune Comteſſe *Scotti* morte en couche.

La douane eſt à l'extrémité de la ville, j'y ai été encore ce ſoir en chaiſe avec Mr. *Bonnet*, mais je ne ſache rien de particulier à Vous en dire.

Le 25. Février.

Je ſuis allé prendre le chocolat chés le P. *Barletti* & j'ai fait de nouveau une longue courſe avec lui, nous avons vu:

Dans l'égliſe de la *Madonna della Vittoria*, deux beaux tableaux de *Salvator Roſe*, & quatre grands obéliſques de marbre noir, avec des inſcriptions en marbre blanc. Ce ſont autant de Mauſolées de la maiſon *Homodeo*.

Dans la *Caſa Clerici*, la belle fabrique de Fayance qui ſe diſtingue fort avantageuſement par la peinture; on y voit auſſi une chapelle aſſés vantée, toute en fayance: mais qui m'a paru peu de choſe.

A *St. Ambroiſe* les 4 belles colonnes de Porphire qui ſoûtiennent le maître autel couvert dit-on, de lames d'or; la belle mofaïque de la voure du chœur &c. Cette églife a trois nefs une pour les moines, une pour les chanoines & la troifieme pour l'Archevêque; c'eft dans la premiere que font les plus belles chapelles. Le cloître eft fuperbe, formant deux grands quarrés; les colonnes des portiques font d'un ordre particulier. Dans le Réfectoire eft une très belle peinture à fresque; & dans la Bibliotheque fe voyent deux grands globes de $3\frac{1}{2}$ ou 4 pieds de Diametre, du célebre *Coronelli*. J'ai vu auffi dans ce couvent une jolie méridienne conftruite en 1756, mais pas fort grande. Le Gnomon aura 25 à 30 pieds de hauteur, & on a été obligé de la continuer en fens vertical à peu près à la hauteur de 18 pouces, pour le tems du folftice d'hyver. Cette méridienne eft de cuivre jaune & encaftrée dans du marbre blanc. On a gravé fur le cuivre d'un côté de la ligne les degrés de la diftance du foleil au Zénith, de l'autre ceux de la tangente de cet arc; & les divifions font marquées en parties centiemes du gnomon fuppofé divifé en parties cent milliemes. Les fignes du Zodiaque ont été fculptés, aux deux côtés de la méridienne, dans le marbre, & on y a auffi marqué de diftance en diftance les heures italiennes qui répondent à midi & à minuit dans différens tems de l'année (*). Vous voyés Monfieur, qu'à l'exception de ce dernier point, cette méridienne a beaucoup de reffemblance avec celle de l'obfervatoire Royal à Paris.

L'églife de *St. Francefco Maggiore* dans laquelle je fuis entré enfuite, eft la plus grande églife de Milan parmi celles qui font bâties à la moderne; on y voit de beaux tableaux, & elle vient d'être repeinte & ornée de très beaux autels: d'un entr'autres de marbre noir qui mérite fort d'être vu.

S. Victor eft un couvent des Olivetains, où le cloître (les portiques) eft très beau, très propre & pouvant aller de pair avec celui de S. Ambroife. L'églife eft très belle & très riche & le refectoire mérite pareillement d'être vu. Un réligieux du couvent m'a montré des morceaux charmans peints en miniature par le P. *Gallarati*, Abbé titulaire de cette Abbaïe; le plus beau de ces morceaux eft la copie de la fameufe Cène de *L. da Vinci*, au couvent *delle Grazie* (**). J'ai vu là auffi une belle eftampe remarquable par fa grandeur & qu'on prendroit pour un deffein fait au crayon.

(*) Mr. *de la Lande* fait quelques remarques fur cette méridienne à la p. 315. du 1 vol. de fon voyage.

(**) Depuis peu la copie faite par Mr. l'Abbé *Gallarati* a été gravée.

Madonna delle Grazie, grande églife bâtie au 15e fiecle dans le goût du *Bramante*. C'eft dans le réfectoire que fe trouve, cette belle peinture à fresque, de *Leon. da Vinci*, repréfentant la fainte Cène. On affure que dans un cas urgent où on craignoit qu'elle ne fut détériorée, on la couvrit de plâtre & qu'un Anglois, long-tems après, a rendu ce chef-d'œuvre au grand jour, en faifant ôter l'enduit. Il y a encore un autre tableau du même maître dans l'églife, de même qù'un *Titien* & un tableau de *Ferrari* qui repréfente S. Paul.

Sta. Maria della Porta. Dans la chapelle un autel en bronze fur les deffins de *Pellegrini*; dans l'églife un grand autel magnifique & tout neuf, qui a coûté 5000 fequins.

Sta. Maria Fucarena eft une jolie rotonde à coupole. Parmi les 300 églifes, ou environ, que l'on compte à Milan il s'en trouve bien 50 à coupole, & toûjours des coupoles d'une forme différente; on peut faire ici un cours d'architecture dans ce genre.

Avant d'aller chés Mr. le Comte *de Firmian*, où j'étois invité à diner, j'ai fait une vifite à Mr. *Barella*, Garde de fa Bibliotheque & de fa gallerie de tableaux, & qui tient un magafin de livres fur la grande place. Il a formé lui-même une jolie collection de tableaux, en ayant eu de belles occafions, parce qu'on offre tous les jours au Comte plus de tableaux à vendre qu'il n'en veut, ni n'en peut acheter.

Mr. *Barella*, avoit fouhaité lui-même que je viffe un tableau de *Raphael*, qu'il fouhaiteroit de vendre au Roi; c'eft une Sainte Famille, de la premiere maniere de *Raphael*, mais toûjours un beau morceau & bien confervé; le poffeffeur en demande 4000 Ducats & probablement il le laifferoit à moins; en général tous fes tableaux font à vendre & je puis Vous en communiquer la lifte entiere en manufcrit; Mr. *Barella*, n'avance rien de trop quand il dit de plufieurs qu'ils méritent d'entrer dans telle gallerie que ce foit (*).

La compagnie chés le Miniftre étoit nombreufe; j'ai fait la connoiffance de Mr. le C. *de Carli*, Préfident du Confeil du Commerce & de Don *Jofeph Pecis*, Préfident d'un autre département, deux illuftres favans qui peuvent Vous être connus déjà par l'ouvrage de Mr. *de la Lande* (T. I. p. 369. & 372.)

A 7 heu-

(*) J'ai vu quelqués mois après, à Turin, la même lifte imprimée; il ne fera donc pas difficile aux amateurs de fe la procurer; on peut auffi en voir un extrait dans mes *Zufætze* T. I. p. 84. 85. Mr. *B.* n'a taxé fon *Raphael* qu'à 2000 Ducats dans l'imprimé.

A 7 heures je me fuis rendu avec Mr. *Guibert*, (affocié dans la Librairie *Reycends*) au College des Nobles de *St. Jean;* où fe donnent pendant le carnaval des repréfentations théatrales femblables à celles du College Impérial. J'y ai vu jouer l'*Impoftore* de *Goldoni;* accompagné de trois ballets; le premier héroïque, avoit pour fujet la découverte du nouveau monde; le fecond, dans un genre tragique rouloit je né fais fur quel fujet; le 3e étoit un ballet de différentes nations & a été précédé d'un ménuet & d'un dialogue en italien & en françois, pour remercier les fpectateurs. J'ai été pour la plus grande partie très fatisfait de l'exécution. — Je fouhaite que Vous ne le foyés pas trop péu, Monfieur, du contenu de cette partie de mon Journal, que je ne veux pas rendre plus volumineufe.

La fuite, comme difent les Journaliftes, *une autre fois.* J'ai l'honneur d'être &c.

ADDITION XIII.
Pour les Amateurs de la Musique & de la Danse.

On aime si fort aujourd'hui tout ce qui tient au spectacle, que les *Gazettes*, les *Almanacs*, les *Annales*, les *Dictionnaires* &c. du *Théatre* se multiplient d'année en année & qu'il est bien plus facile d'apprendre les circonstances de la vie du moindre histrion que celle des gens qui éclairent leur patrie pendant qu'ils vivent & qui lui donnent du lustre pour les siecles à venir. Je crois faire plaisir, par conséquent, à plusieurs de mes lecteurs par cette Addition; d'autres lecteurs ne laisseront pas de lui trouver aussi un mérite: celui d'être courte.

I.

État du grand Opéra à Pavie, dans le Carnaval de 1775.

L'Opéra qu'on a joué a été le *Demophoon* de *Métastase*, (mais un peu changé comme c'est l'ordinaire) mis en Mufique, par le célebre *Paf-cal Anfoſſi*, Maître de chapelle Napolitain. En voici les Acteurs.

Demophoon, Roi de Thrace. — Il Sig. Guiſeppe Afferri.

Dircé, mariée ſécretement à Timante. — La Sigᵃ· *Laura Sirmen* (peut-être une alle-mande).

Timante, cru Prince héréditaire, fils de De-mophoon. — Il Sig. *Adamo Solʒi.*

Cherinte, fils de Demophoon, Amant de Creu-ſe. — La Sigᵃ· *Anna Boſelli.*

Creuſe, Princeſſe de Phrygie, deſtinée à épou-ſer Timante. — La Sigᵃ· *Roſa Pallerini.*

Matuſio, cru pere de Dircé, grand du Royau-me. — La Sigᵃ· *Giuſeppa Perega.*

Adraſte, Capitaine des gardes du Roi, & ſon confident. — La Sigᵃ· *Maria Antonia Pandini.*

Olinte, petit enfant, fils de Timante. —

Les ballets compoſés & dirigés par le Sig. *Gaſpare Burci*, au ſervice de S. A. El. de Ba-viere.

Sig. *Gaſp. Burci*, lui-même.	Sigᵃ *Girolama Burci*, au même ſervice.
Sig. *Guiſeppe Caſaʒʒa*, bon.	Sigᵃ *Tereſa Simonetti*, bonne.

Sig. *Guiseppe Baloc-* | Sig^{a.} *Clementina Pia-*
chi. | *nazzi,* bonne.

Sig^{a.} *Annonziata Grandini.*

Sig. *Camillo Bedotti.* | Sig^{a.} *Anna Lamberti.*
Sig. *Giuseppe Seraffini.* | Sig^{a.} *Rosa Porro.*
Sig. *Carlo Pachiarotri.* | Sig.   N. N.

Fuori de' Concerti.

Sig. *Filippo Pallerini.* | Sig^{a.} *Marianne Lam-*
  | *berti.*

Il Vestiario étoit *di ricca e vaga invenzio-*
ne del Sig. MICHELE MANZOLI, *di Mi-*
lano. L'entrepreneur étoit le Sig. *Giuseppe*
Grandini.

2.

Etat du second Opéra de Milan dans le Carnaval de 1775 (*).

L'Opéra que j'ai vu à Milan étoit ainsi que
je l'ai dit, *Alexandre aux Indes,* sujet, comme on sait, traité par *Métastase.* Mais pour
savoir de qui sont — ou plûtôt de qui ne sont
pas les paroles — de ce nouvel *Alexandre* il

______

(*) Je dis le *second,* parce qu'on en a représenté un autre
avant mon arrivée.

faut lire la *Protesta* remarquable qui se trouve, mais sans le nom de l'Auteur, à la tête de la piece imprimée; la voici:

L'Atto primo, ed il secondo del presente Dramma (eccettuate varie pretese trasposizioni d'Arie, ed accorciamenti) sono a norma del Libro DELL' ALESSANDRO prodotto in Milano l'anno del 1759, già abbreviato, e disposto da altro valente Sogetto. Il terzo Atto è fedelmente trascritto da un Libretto dello stesso Dramma rappresentato in Napoli.

Cio serva appresso il rispettabilissimo Pubblico per discarico del Poeta, il quale altamente dichiarasi, che se ha posto mano in qualche scena del solo Atto secondo, non ha giammai preteso di migliorare un sì eccellente Dramma (che ben comprende d'aver guastato) ma soltanto per esservi stato suo malgrado costretto, e violentato del' abuso, dal pregiudizio, dal capriccio, e dall' ignoranza, che con un temerario dispotismo assoggetano la Poesia, tiraneggiano la Musica, e audacemente sformano le inimitabili Opere di quell' unica FENICE, che ad onore dell' Italiano Coturno occupa il più eminente, e il più luminoso grado nel Tempio dell' Immortalità, e della gloria. Il grato e rispettoso Poeta approfitasi di questa occasione — pour faire un compliment aux Milanois.

Acteurs.

Alexandre ——— Il Sig. *Giovanni Anſani.*

Porus, Roi d'une partie des Indes & Amant de Cléofide. —— Il Sig. *Gaſparo Pac-chiarotti.*

Cléofide, Reine de l'autre partie des Indes. —— La Sig.ᵃ *Eliſabetta Taiber* (probablement une allemande.)

Erixene, ſœur de Porus. —— La Sig.ᵃ *Fran-ceſca Vareſi.*

Gandarte, Général des Armées de *Porus*. —— Il Sig. *Luigi Marcheſi.*

Timagene, Confident d'Alexandre & ſon enne-mi caché. —— Il Sig. *Giacomo Pannatti.*

Macédoniens, Indiens, Prêtres &c.

La Muſique: du célebre Sig. Maeſtro *Carlo Monza*, de Milan, au ſervice de la Chapelle de la Cour & membtre de l'Académie *de' Fi-larmonici.*

Inventeurs & Peintres des Décorations: Mrs. les freres *Galliari.*

Inventeurs des habits: Il Signori *Franceſco Motta* & *Giovanni Mazza.*

Le Théatre a été réduit en forme de ſalle pour le bal, & repeint à neuf par les Sieurs *Ghezzi.* Entrepreneurs du ſpeĉtacle: *Felice Stagnoli* & *Aleſſandro Minunzi.*

Les deux Ballets: favoir *Renaud & Armide*, & une *Fête de village*, ont été tous deux compofés & dirigés par Mr. *Noverre*, Compofiteur actuel des ballets de la Cour Impériale & Royale, Maître à danfer de l'Augufte Famille & Membre de l'Académie Royale de Danfe à Paris. La Mufique de ces ballets a été compofée par Mr. *Louis de Baillou.*

Voici la defcription du premier de ces ballets, publiée en françois par l'Auteur même.

3.

Defcription du ballet héroïque RENAUD ET ARMIDE.

Avant propos de l'Auteur.

Cé ballet eft tiré de la Jérufalem délivrée du *Taffe.* Cet ouvrage fublime, en affûrant l'immortalité à fon Auteur, honorera toujours l'Italie. En puifant mon fujet dans une fource auffi féconde, j'ai l'avantage de mettre fous les yeux du public un trait qui eft généralement connu, & qui réunit à l'hiftoire ce que la Magie a de charme. J'avoue qu'il eft impoffible de bien imiter mon modele. Comment pouvoir exprimer avec un langage muet, tel que la Pantomime, les beautés du ftile, les comparaifons nobles, & ce

fublime d'éloquence qui n'eft réfervé qu'à la Poë-
fie? On ne peut exiger toutes les perfections
d'un Art qui eft encore au berceau & qui n'ar-
ticule que des mots mal prononcés. C'eft à
l'indulgence du public, ce maître éclairé de tous
les Arts, à fuppléer à la faibleffe de fon langage.
Si j'ai mal choifi mon plan, fi mes efforts font
infructueux & ne peuvent lui plaire, j'aurai du
moins la confolation de n'avoir pas manqué de
zéle. Pour faifir les goûts du public, il faut
avoir le tems de les étudier. Ce tems, qui feroit pour moi le plus précieux de ma vie, a été
trop court. Ce n'eft pas en fix mois que l'on
peut faifir fous un feul & même afpect des goûts
& des fenfations diamétralement oppofées; ce
n'eft point dans un terme auffi court que l'on
peut avoir l'art de faire frémir à l'uniffon des
cordes différemment montées par les paffions.
Pour atteindre à ce point chimérique de réu-
nion, il faudroit que l'artifte eût en lui - même
tous les goûts & toutes les inclinations divifées
qui fe rencontrent dans chaque individu; il faudroit qu'il pût réunir dans un feul tableau tous
les genres de compofition poffibles, & que les
différentes modifications de fes peintures em-
pruntaffent toutes les teintes variées qui nuan-
cent les goûts & qui en forment la diverfité:
ou il faudroit enfin qu'il eût l'art nouveau de

réunir les extrêmes, de rapprocher les fenti-
mens, d'enchaîner pour ainfi dire des goûts fouvent antipathiques entre eux. Cet ouvrage feroit immenfe; ce n'eft pas celui d'un homme.

Dans l'impoffibilité où je fuis de me replier
en fi peu de tems fous mille formes diverfes, &
de parcourir tous les genres d'imitation, je me
borne à affurer le public que je ne fuis occupé
que du défir de lui plaire, & que fi je n'ai pas
le bonheur d'y réuffir, on ne pourra l'imputer
ni à mon application, ni à mes foins, ni à mon
zéle.

Perfonnages.

Armide, Princeffe de Damas, Magicienne. —
    Mad. *Eleonore Dupré.* (bonne)

Renaud, le plus renommé des Chevaliers du
    Camp de Godefroy. — Mr. *Sebaft. Gal-
    let.* (bon)

Le Chevalier Danois, du même Camp. — Mr.
    Paul Franchi.

Ubalde, Chevalier du même Camp. — Mr.
    Fred. Terrades.

Un *efprit* fous la figure de
Lucinde, Demoifelle Danoife aimée du Cheva-
    lier Danois. — Mad. *Cath. Villeneuve.*

Esprits & Demons sous des formes les plus agréables.

Plaisir. —   Mr. *Ant. Marliani.*

Nymphe. —   Mad. *Camille Dupetit.*

Nayades. —   Mad. *Dupetit.* Mad. *Gallet.*

L'Amour. —   Mad. *Terrades.*

Les Graces. —   Mad. *Helene Dondi.*   Mad. *Josephe Radaelli.*   Mad. *Cecile Castellini.*

Autres Nymphes.

Nayades.

Jeux.

Plaisirs.

Amants fortunés.

La Haine, la Vengeance, la Fureur. — Mad. *Villeneuve.* Mad. *Dupetit,* Mad. *Dupetit.*

Explication du Ballet.

(*La décoration représente une Isle de l'Oronte*)

Renaud ayant délivré les captifs d'Armide, cette Magicienne prit la résolution de s'en venger: Elle attira par les charmes de son art le jeune Guerrier sur les bords de l'Oronte, Renaud s'y arrête: une Inscription (*) gravée sur

---

(*) Qui que tu sois, ô voyageur! que le hasard ou ton choix conduit sur ces bords; le soleil dans son cours n'éclaire point de plus grandes merveilles que celles qui sont cachées dans cette Isle: passe si tu veux les connoître.

un colonne de marbre frappe ſes régards, & ex-
cite ſa curioſité.   Il entre dans une petite barque, la laiſſe voguer au courant du fleuve, &
aborde dans l'Isle pour y jouir des prodiges que
l'inſcription annonçoit.   Renaud ne trouvant
dans cet endroit aucunes des merveilles promi-
ſes, ſe diſpoſe à regagner le rivage, mais il eſt
arrêté par des Etres enchantés qui ſous la forme de Nayades & de Nymphes employent tous
leurs charmes pour le ſéduire; une vapeur ſo-
porifique s'empare de ſes ſens, il s'endort ſur un
gazon, & les Nymphes lui peignent les ſonges
les plus agréables.   Armide cachée derriere un
boſquet exprime en paroiſſant la joye barbare
de ſe venger; elle s'élance ſur Renaud pour le
percer de mille coups: mais ſon bras eſt arrêté
par un charme plus puiſſant que tous ſes enchan-
temens.   Elle ſe reproche ſa faibleſſe, elle vo-
le une ſeconde fois vers ſa victime, mais les
traits animés de Renaud, un ſoûrire enchan-
teur, tel que celui que l'amour & le plaiſir im-
priment ſur la phyſionomie, ſuſpendent le coup;
le fer lui échappe de la main, ſa rage fait place
à des ſentimens plus doux; ſon cœur qui reſpi-
roit la vengeance, ne reſpire plus que l'amour;
elle enchaîne le jeune Héros avec des guirlandes,
& elle le tranſporte dans ſon palais.

La décoration représente les magnifiques Jardins du Palais d'Armide.

Cette Princesse paroît avec son vainqueur; ils sont entourés par un Cortege enchanté & voluptueux; les Jeux, les Plaisirs, les Graces, l'Amour & une foule d'Amants fortunés composent leur suite & peignent par leurs attitudes l'excès de leur félicité. Ces images séduisantes font sur le cœur du jeune Guerrier l'impression la plus vive, les tableaux animés du plaisir effacent de son ame l'amour de la gloire; il préfere les roses aux lauriers; on orne son vêtement de fleurs, on le couronne de myrthe; & enivré de son bonheur, il se jette aux genoux d'Armide. Ces deux amants expriment par leurs jeux que rien n'égale leur félicité. Ils quittent, ainsi que leur suite, le lieu de la Scène, pour parcourir tous les endroits délicieux du jardin enchanté.

Ubalde & le Chevalier Danois ayant surmonté, à l'aide d'une verge d'or, tous les obstacles que la magie leur avoit élevés, paroissent dans ce jardin; mais ils sont arrêtés par des Nymphes; elles les invitent à quitter la gloire pour s'abandonner aux plaisirs; les Graces & l'Amour entourant Ubalde, il ne résiste que bien faiblement aux piéges de la volupté, & par une force supérieure, il est entrainé vers les objets délicieux qui s'offrent à lui; il va céder à l'impreffion de leurs charmes, mais le Chevalier Danois s'empare de la Verge d'or, il l'agite, & les Fantômes voluptueux difparoiffent à l'inftant.

Les deux Guerriers vont pourfuivre leur entreprife, lorfqu'une Nymphe fous la forme & la figure de Lucinde, jeune Danoife tendrement aimée du Chevalier, l'aborde avec l'empreffement du défir. Elle lui rappelle fes ferments, elle lui exprime fa tendreffe. Le Chevalier Danois oublie tout pour fe livrer au plaifir de voir & de retrouver ce qu'il chérit. C'eft en vain qu'Ubalde employe les rémontrances pour l'éloigner des charmes qui féduifent fa raifon, il n'écoute rien. Lucinde l'engage à fuivre fes pas; mais au moment, où il fe difpofe à l'accompagner, Ubalde fecoue la baguette d'or, la fauffe Lucinde difparoît, l'illufion ceffe, & le Chevalier honteux de cet inftant d'égarement fe retire avec Ubalde, en fe reprochant fa crédulité & fa faibleffe.

La décoration repréfente un falon richement décoré du Palais d'Armide.

Armide & fon Amant font fuivis du plus brillant cortege, ils fe placent fur un Sopha; les Jeux, les Plaifirs, les Nymphes, les Graces,

& les Amours, s'empreſſent à l'envi d'exécuter des danſes, & à ſe groupper de diverſes manieres à l'entour de Rénaud & d'Armide. Cette Magicienne tient un miroir qui lui a été préſenté par l'Amour, elle y admire les traits réfléchis de Renaud; le jeune Guerrier y cherche à ſon tour ceux de ſon Amante, leurs yeux s'y rencontrent, ils y liſent mutuellement les ſignes de leur bonheur. Armide employe tout ce que l'art & la coquetterie peut avoir de ſéduiſant lors qu'elle eſt accompagnée par les graces: Renaud enchanté de ſa félicité l'exprime par ſon action.

Cependant Armide le quitte pour un inſtant. Elle doit vaquer à quelques miſtéres magiques préparés pour lui aſſûrer la poſſeſſion conſtante de Renaud. Ce n'eſt qu'avec douleur qu'il voit cette abſence momentanée; l'amour dont il brûle pour Armide eſt ſi violent que l'idée d'en être ſéparé un inſtant, jette le trouble & le déſeſpoir dans ſon ame.

Ubalde & le Chevalier Danois, qui ont été préſens à ce qui vient de ſe paſſer, s'avancent vers Renaud. A leur aſpect, il reſte interdit & confus. Ubalde lui préſente le bouclier de diamans: le jeune Héros n'a pas plûtôt jetté les yeux ſur ce miroir fidele qui a la vertu de démaſquer les faibleſſes & les vices, qu'il recu-

le de honte & de défefpoir; la vue de fon aju-
ftement efféminé & des guirlandes dont il eft
orné l'enflamme de colere; il arrache fes vête-
ments, il brife fa couronne, il déchire fes guirlandes & il fe hâte de fe dépouiller de tous les
vains ornemens qui terniffent fa gloire.

Le Chevalier Danois profitant de cet inftant,
fait briller à fex yeux les armes qu'il lui appor-
te: Renaud s'en faifit avec tranfport; il abho-
re fa faute; il détefte fa paffion; il regrette les
jours qu'il a dérobés à la gloire, à l'honneur,
& à fon devoir, & qu'il a honteufement paffés
dans la moleffe. Il embraffe les deux Chevaliers, & les conjure de l'arracher d'un lieu où
fon cœur pourroit courir encore quelques nouveaux dangers.

Ils vont partir, lorsqu'Armide, inftruite
par fon Art de fes malheurs, paroît avec pré-
cipitation. Renaud qui craint de fuccomber
aux attraits féduifants de la Magicienne, dé-
tourne fes regards, & n'ofe lever les yeux; elle
l'accable de reproches; elle paffe à la priere;
elle fe précipite même aux pieds de Renaud qui
vivement ébranlé, & le cœur flottant entre l'a-
mour & la gloire, ne réfifte que faiblement aux
nouveaux piéges que la volupté lui préfente.
Ses amis honteux de fa faibleffe employent de
leur côté tout ce qui peut le ramener à fon de-

voir; ils l'arrachent des bras d'Armide, à laquelle il fait les plus tendres adieux. Cette Amante éplorée, ne pouvant foûtenir fans mourir l'idée défefpérante du départ de celui que fon cœur idolatre, tombe évanouie. A cette vue Renaud fe dégage des bras des deux Chevaliers pour voler aux genoux de fa Maîtreffe; il s'y précipite; il prend fes mains; il les arrofe de fes larmes & fait de vains efforts pour la rappeller à la vie. Les deux Chevaliers indignés de la faibleffe de Renaud, lui préfentent de nouveau le bouclier de diamants & l'arrachent enfin des pieds d'Armide. Le départ de Renaud eft accompagné de tous les regrets d'un cœur fortement épris, & qui facrifie à fon devoir l'objet qu'il aime avec la plus forte paffion. Ce Héros s'éloigne à pas lents en regardant fans ceffe Armide, & en peignant l'excès de la douleur & du défefpoir dont fon ame eft déchirée.

Armide en revoyant la lumiere ne peut plus douter de l'inconftance de fon Amant; c'eft en vain qu'elle l'appelle & qu'elle éclate en reproches. Défolée de la perte qu'elle vient de faire, elle fe livre à tous les fentiments qu'infpire le défefpoir. Elle évoque la Haine, la Fureur & la Vengeance. Ces filles de l'Enfer accourent & obéiffent à fa voix. Armide brife le

car-

carquois & les flêches de l'amour, elle déchire
fon bandeau, elle s'arme du flambeau de la
Vengeance, elle embrafe fon palais. *Le ton-*
nerre gronde, les éclairs percent la nue, une
piuie de feu le détruit entierement; elle monte
fur un char; la Vengeance, la Haine & la Fureur fe groupent autour d'elle; elle fe fraye
une route dans les airs. Dans cet inftant tout
le palais s'écroule, & l'on n'apperçoit qu'un dé-
fert épouvantable habité par des Monftres.

4.

Extrait de la Lifte des fpectacles donnés au College Impérial pendant le Car-naval de 1775 (*).

Argomenti delle tre fceniche reprefentazio-
ni colle quali nel corrente Carnevale dell' anno
1775 fi trattengono I Signori *Convittori del*
Collegio de' Nobili Regio Imperiale Longone di-
retto da' Chierici regolari della congregazione
di S. Paolo, intitolate:

____

(*) Cette lifte eft imprimée fur 4 pages in folio; & les
Acteurs dans les pieces & dans les ballets, tous Marquis, Comtes ou autres gentilshommes, y font tous
nommés. J'ai cru plus intéreffant de conferver dans cet
extrait la langue originale.

Tom. III.   G

La prima *Jefte*, del Sig. Conte *Orazio Calini*
Bresciano (*).

La seconda: L'*Uomo singolare*, del Sig. *Destouches*, tradotta dal Francese nell Italiano idioma in Milano.

La terza: *La Dottoressa preziosa*, del Sig. Dottore *Jacopo Angelo Nelli* Sanese.

Argomento della prima. Bastera per supplire all' argomento di questa tragedia la notizia che tutti hanno della famosa istoria di Jefte descritta nel libro de' Giudici. Attori: *Jefte*. *Jaele*, Moglie di Jefte; *Seila*, figlia di Jefte. *Ozia*, sommo Sacerdote, e Profeta. *Azaria*, promesso sposo di Seila. *Elcimo*, Uffiziale di Jefte. *Manasse*.

Argomento della seconda. (*On l'indique de même que les Acteurs, mais cette piece est trop connue pour que je doive m'y arrêter.*)

Argomento della terza: *Saforosa*, donna vedova e giovane s'invoglia smoderatamente di comparire ingegnosa e dotta. Stringe perciò amicizia con *Terenziano* poetastro, il quale con pretesto d'instillarle scienzia e letteratura attende ad impadronirsi del cuore e delle richezze di lei. Scoprendosi finalmente *Terenziano* per

(*) Ce gentilhomme passe pour un des meilleurs auteurs dramatiques Italiens actuels; j'ai indiqué d'autres pieces de lui dans mes *Zusætze* T. II. p. 740.

Uomo ignorante e malvaggio è coſtretto fuggire; e *Saforoſa* diſingannata non meno dell'Impoſtore che della propria vanità, divien ſpoſa di Cleante giovane ſavio e di merito.

Attori: *Saforoſa*, vedova giovane, Dottoreſſa. *Petronia*, Padre della Medeſima. *Orazio*, fratello della ſteſſa. *Cleante*, giovane erudito, amico d'Orazio. *Cornelia*, Amante d'Orazio, e Sorella di Cleante. *Terenziano*, poetaſtro amico, e amante ſegreto, di Saforoſa. *Pippo*, ſervo della ſteſſa. *Bitta*, ſervetta di Cornelia. Diſcepoli (*deux*) di Terenziano.

Suivent les noms de 10 jeunes gens qui recitano nell' Introduzione; eſpece de Prologue.

Ballo primo.

C'eſt un petit ballet ordinaire, à 4 parties; ſavoir: une à 8 perſonnes; une à deux (in due); une à trois & une a ſolo.

Ballo ſecondo.

Si rappréſenta la cagione della pazzia d'Orlando, la pazzia e la guarigione.

Orlando. Aſtolfo. Angelica. Medoro. Geloſia. Amore. Paſtori (au nombre de huit).

Ce ballet eſt en 9 entrées: Quatre à deux perſonnes. Une à ſix. Quatre a ſolo.

Ballo terzo.

Un pedante che ha prefo dominio fopra l'animo di Pantalone proibifce a lui di permettere in cafa fua l'innocente divertimento del ballo, al quale foftituifce il giuoco proibito dalle leggi. La Giuftizia forprende e punifce il Pedante; e quindi nafce a tutta la Compagnia di Pantalone libera facoltà di ballare.

Pantalone. Sua Moglie. Figli (3) de' Medefimi. Figlie (3) de' Medefimi. Pedante. Maeftro di Ballo. Maggior domo. Governatrice. Gondolieri (2). Mercante. Fachino. Podeftà. Notajo. Arlechino. Arlechina. Schiavoni (2). Loro compagna. Inglefi (2). Loro compagna. Uffiziali (2). Loro compagna.

Ce ballet a 8 parties: Un ménuet à deux perfonnes. Deux ménuets à fix. Deux danfes figurées à deux. Trois in tre.

Maeftro de' Balli: Sig. *Antonio Porro*, Milanefe.

Architetti e Pittori: Signori Fratelli *Riccardi*, Milanefe.

Compofitori delle Arie: Sig. *Carlo Sala*, Milanefe.

Inventori degli Abiti: Sig. *Luca Piazza*, Milanefe.

LETTRE XI.

à Milan, le 5. Mars.

Me revoici, Monsieur, avec mes cahiers.

Le 26. Février.   (Dimanche.)

Je commençai mes courses de la matinée avec Mr. *Guibert*, que je Vous ai déjà nommé à la fin de ma précédente, & que je Vous nomme avec plaisir parce que c'est un très brave & galant homme. Nous vîmes le *Seminaire*, bel édifice — la jolie façade de *S. Pietro de' Celestini.* — Celle de *S. Bartholomeo* plus ornée, peut-être trop, mais encore de bon goût. — L'Hôpital très propre de *S. Giov. di Dio*, de 50 à 60 lits, à rideaux, & qu'on aggrandit actuellement. — La nouvelle maison de *Correction*, où l'on remarque une grandissime salle à laquelle répondent trois étages de chambres avec des galleries au niveau de chaque étage, desquelles les prisonniers peuvent entendre la messe qu'on dit dans la salle. En-

G 3

fin nous vîmes, conduits par Mr. *Barella*, la plus grande partie de la Bibliotheque & des tableaux de S. E. Mr. le Comte *de Firmian*; & Vous m'en faurés gré peut-être si je m'arrête un peu fur ces magnifiques collections.

La Bibliotheque eft déjà d'environ 30000 Volumes, tous très bien reliés & rangés fuivant les matieres, dans 5 ou 6 falles; fans compter une piece où ne fe trouvent abfolument que des livres anglois; je n'ai pas eu le tems de feuilleter beaucoup de livres, mais on m'a montré comme des ouvrages rares une *Architettura militare* de *de' Marchi* impr. à Bologne en 1600 & les deffins de *Palladio* que Milord *Burlington* a fait graver. Cette bibliotheque fe diftingue furtout par une fuperbe collection d'eftampes de toutes les écoles de peinture, & de toutes les galleries, & d'autres recueils précieux du même genre; je me fuis arrêté le plus aux grandes eftampes enluminées qui repréfentent les loges du Vatican, elles font tout nouvelles & d'une grande beauté. — Dans une des falles fe voyent deux beaux globes, de $3\frac{1}{2}$ ou 4 pieds de diametre, faits à la plume par *Moroncelli*.

La collection des Tableaux répond à celle des livres; elle eft diftribuée dans 8 ou 10 chambres; je ne vous nommerai que ceux qui m'ont frappé le plus. Quelques portraits par *Rem-*

brand, dont l'un eſt celui d'une femme; je ne crois pas que *Rembrand* ait peint beaucoup de femmes. — Quelques beaux *Guides*, entr'autres un Chriſt mort. — Quelques beaux tableaux du *Titien*. — Un portrait par *Paul Veroneſe*. — Une copie d'un tableau de *Raphaël*, faite dans ſa maniere par un de ſes diſciples. — Différens beaux morceaux du *Schidone*, de *Campi*, du *Baſſan*, de *Cerano* & de *Lignano* deux Milanois modernes, de *Cignani*, de *Saſſoferato*, du *Pouſſin*, du Chev. *Tempeſta*. — Un beau Chriſt mort, une décollation de St. Jean Batiſte & encore un 3e tableau de *Creſpi*. — Une *Leda*, morceau précieux, de *L. da Vinci*. — Une tête par le *Correge*, dont on ſoupçonne le corps être à Sansſouci & & avoir été ſéparé de la tête par la bigotterie connue du Duc d'Orleans, le pere je crois de celui d'aujourd'hui. — Une Suſanne, par l'*Albane*. — Une tête du *Dominiquin*. — De beaux ouvrages de *Vandyck*, portraits & autres; particulierement ſa propre famille. — Des *Bourguignons*. — Une belle marine de *Claude Lorrain*. — De beaux tableaux d'*André del Sarto*, du *Guerchin*, de l'*Eſpagnolet*, de *Luino*, de *Ferrari da Regio*, de *Pannini*. — Un grand tableau de *Rubens*; enfin le portrait de *Raphaël* peint par lui-même.

On voit encore dans 2 salles deux précieux morceaux de sculpture antique: savoir une Andromede trouvée à Athenes par les Vénitiens, & un Cacus mort trainé par Hercule; ils ont été donnés au Comte par le Duc de Modene dans la gallerie duquel ils étoient auparavant; Mr. *de la Lande* en parle avec beaucoup d'éloge à l'article de Modene (T. I. p. 541. 542.)

En dinant chés Mr. *Bonnet,* avec d'autres étrangers, dans une piece de son appartement que je n'avois pas vue encore, j'ai trouvé ici aussi quelques beaux tableaux que je serois faché de n'avoir pas vus; le plus précieux & le plus remarquable est celui d'une femme nue, couchée, qu'un homme dévore de ses regards & cet homme est le peintre lui-même, *Paul Véronese.*

Je fis un tour au château de Milan, espece de citadelle, dans le même quartier; il n'est pas des plus forts, mais très grand & sa principale Cour est vaste & forme un beau quarré long.

Mr. *Bonnet* me mena ensuite au Cours, où nous trouvâmes force poussiere, beaucoup de piétons & plus de 1000 voitures.

Après 8 heures j'allai encore causer au coin du feu chés le P. *Frisi,* toûjours également accessible & dont le bon chocolat est à toutes les heures au service de ses amis; aujourd'hui j'en ai pris une taſſe pour mon ſouper, un autre jour j'en ai fait mon diner. Nous deſcendîmes au théatre & vîmes encore les trois derniers actes de la tragédie de *Jeſté*, les jeunes gens ſe ſurpaſſerent dans les ballets.

Le 27. Fevrier.

Ce matin je fis chés le P. *Friſi* la connoiſſance de M. *de Volta*, un Patricien de Côme & bon Phyſicien qui doit avoir écrit ſur l'électricité. (*)

Le P. *Friſi* me mena voir le maître-autel de l'égliſe de St. Alexandre, qu'on dit le plus beau morceau de cette eſpece en Italie, & je ſuis porté à le croire tant il eſt magnifique. Il eſt incruſté entièrement de *pietre dure*, parmi lesquelles on remarque même des topaſes, mais ce qui frappe encore plus c'eſt le tabernacle qui renferme le ciboire & qui eſt enrichi de pierreries d'un éclat éblouiſſant. Peu d'étrangers le voyent, parcequ'il ne ſe découvre que rarement. On dit que toutes ces richeſſes dérivent d'une

G 5.

(*) Je ne puis dire au juſte quel eſt cet ouvrage ſur l'électricité; ce ne peut être encore la deſcription de ſon *électrophore* qui depuis a fait tant de bruit & qui avec les autres belles découvertes de M. *de Volta*, généralement connues, l'a mis au nombre des phyſiciens les plus ingénieux de l'Europe: il eſt jeune encore, d'une grande & aimable figure.

fucceſſion conteſtée; qu'elles furent apportées à Milan pour les ſauver, & données enſuite aux Barnabites pour l'uſage qui en a été fait.

Nous fîmes enſuite quelques viſites: au ſavant C. *Pierre Verri* dont Mr. de LL. parle (T. I. p. 368.) que nous ne trouvâmes point mais dont j'avois dejà fait la connoiſſance chés le C. *de Firmian*, au Miniſtre le C. *de Carli* & au Préſident *de Pécis*, desquels je vous ai dejà parlé; à l'aimable Comte *de Carli* le fils, (*) enfin au Marquis *de Beccaria* devenu ſi celebre par ſon *Traité des délits & des peines* traduit en tant de langues; même nouvellement en eſpagnol. On le dit réſervé, cependant il m'a reçu très poliment.

J'ai vu auſſi ce matin le palais très bien meublé du Prince *de Belgiojoſo*; la grande Salle eſt une des plus belles de Milan, & on y voit, ainſi que dans les autres pieces, un grand nombre de bons tableaux; les meilleurs me parurent être des Ecoles Romaines & Bolonoiſes. En paſſant près de l'Egliſe des Servites, on me fit remarquer une ſtatue antique mutilée, que le peuple déſigne par le nom d'*uomo di pietra*.

(*) Si je ne me trompe il eſt l'auteur de la traduction en vers blancs, du Poëme du P. Doiſſin ſur la ſculpture; *La ſcultura, verſi Sciolti Mil.* 1775. 12.

J'eutrai dans la Cour du Palais *Marini* (aujourd'hui la douane des accises) qui mérite beaucoup d'être vue. La façade de l'ancien Palais *Marliani* me parut remarquable aussi; elle est en briques, mais fort ornée de bas - reliefs, également de terre cuite & dont l'art paroît s'être perdu on du moins n'être plus en usage.

Je dînai à l'hôtel de Lyon, chés un traiteur qui tient table d'hôte & j'eus le plaisir de m'y rencontrer par hazard avec M. *de Volta*.

Le cours où je fis un tour ensuite, m'amusa beaucoup; c'étoit aujourd'hui un des grands jours de mascarade; & je vis un nombre prodigieux de masques, les uns plus bizarres que les autres. Par ex. Une vierge assise sur une âne avec l'enfant & accompagnée de St. Joseph. Une femme qui sembloit portée sur le dos d'un portefaix factice &c.

J'allai de là à l'observatoire où je montai jusques sur la terrasse pour jouir de la belle vue de toute la ville, mais je m'arrêtai le plus dans l'attelier de M. *Meghele,* l'habile mécanicien de l'observatoire & qui demeure dans le même bâtiment; que d'avantages réunis pour les progrés de l'astronomie & pour la commodité des astronomes!

Après la nuit tombée je me rendis au Collège Impérial pour assister à un concert, qu'y donnoient les jeunes Nobles. J'entendis *Marti-nenga* qui a été à Berlin, & l'abbé *Piozzi* un *tenore* excellent & compositeur de belles ouvertures; (*) je fis aussi la connoissanae de l'aimable Comte *de Belgiojoso* le fils du Prince dont j'avois vu ce matin le Palais.

Le 28. Février.

Allé chés le P. *Frisi*, où le P. *Recani*, Barnabite & bon Mathématicien, vint me prendre pour me faire voir la Bibliotheque & le Cabinet de Physique de leur Couvent de St. Alexandre. J'ai distingué parmi les instrumens: une machine pneumatique; les machines pour expliquer les forces centrales & la chûte des corps & d'autres bons instrumens de mécanique; plusieurs machines électriques, une entr'autres dont le globe est un cylindre couvert de velours &c. Même divers instrumens d'astronomie: par ex. une Pendule de *le Paute*, à verge composée, & deux quarts de cercle de 30 pouces de rayon, qu'on dit faits à Turin; ils sont à transversales & dans le plan du limbe se meut un cercle denté d'environ 18 pouces divisé, si je ne me

(*) Il est parlé avec beaucoup d'éloge d'un abbé *Piozzi* qu'on a entendu à Paris en 1776, dans les *Mémoires secrets ou Journal d'un Observateur* T. IX. p. 84. 85. Mais on le dit *Soprano*, ainsi ce n'est pas le même ou il y a erreur soit dans ce Journal, soit dans le mien.

trompe, de minute en minute, par l'efpace de 80 degrés. Il fert de nonius & pour les petits mouvemens, & c'eft une invention que je ne me rappelle pas avoir vue ailleurs. Ce Peres ont auffi un télefcope *de Dollond*, mais que je n'ai pas vu. Je vis encore la grande Salle & une partie des écoles, & je fis enfuite une courfe inutile à la Bibliotheque Ambrofienne. En attendant qu'elle s'ouvrit j'allai voir quelques églifes.

S. *Paolo*, églife de Réligieufes, qui eft double; une moitié ne fert que pour les réligieufes, qu'on ne voit pas, l'autre eft pour le public. On y voit de beaux tableaux des *Campi*. L'architecture extérieure m'a plu d'avantage que l'intérieure, qui ne m'a pas paru de bon goût; mais le maître-autel eft joli.

S. *Eufemie*, Paroiffe, a un joli autel à Tabernacle.

S. *Madeleine*, Egl. de Réligieufes Auguftines, double, a de bons tableaux.

S. *Sebaftien*, Paroiffe, eft bâtie en Dôme, & a une des plus vaftes coupoles qui foit à Milan; avec une coupole plus petite audeffus du grand autel qui eft beau & orné d'un tabernacle.

S. *Sepolcro, Collegio de' facerdoti obblati:* on y voit de belles colonnes de marbre, un tableau remarquable du *Bramante*, & cette églife se présente très bien, intérieurement & extérieurement.

Je retournai ensuite à la Bibliotheque Ambrosienne, & je demandai après Mr. le Dr. *Bughetti* un des bibliothécaires (*), qui eût la complaisance de me montrer cette fameuse collection; mais je fis aussi la connoissance de Mr. le Dr. *Brança,* autre Bibliothécaire & grand Orientaliste.

On me montra le Ms. de *L. da Vinci* sur l'ombre & les couleurs, écrit en caracteres renversés, ayant été destiné à être gravé. — Deux beaux Mss. de lettres du Pape *Pie II.* — Un Ms. de *Galilée* sur les fortifications (**); — Un St. *Grégoire de Naziance* & d'autres richesses de ce genre, probablement très connues. — Un grand globe gâté de 3 à 4 pieds de diametre. — Les beaux tableaux qui remplissent toute une salle. — Les modeles & autres morceaux de sculpture, dans une autre sale &c. Les tableaux méritent une attention particuliere, il y en a de très précieux; Vous en trouverés

(*) Je suis en doute s'il est bibliothécaire & si j'ai bien écrit sans nom.

(**) On trouve beaucoup de Mss. mathématiques de cette Bibliotheque indiqués dans la *Historia Matheseos Universæ* de *Heilbronner*, pag. 561 - 564. c'est un extrait de la *Bibl. Bibliothecarum,* du P. *Montfaucon:* mais ce MS. de *Galilée* n'y est pas indiqué.

décrits un bon nombre par MM. *Cochin* & *de la Lande*: remarqués cependant que la tête qu'ils prétendent peinte par *Raphael* & qu'on n'a pu m'indiquer eſt probablement celle du Pape *Paul III*. peinte par *Michel-Ange*; que quelques beaux tableaux de *Luino* & autres auroient mérité d'être cités; &c.

La Bibliotheque eſt, ſi j'ai bien entendu, de 30000 volumes & il y a un fonds pour l'augmenter. Elle n'a pas fort grande apparence, & la place commençant à manquer, on ſe propoſe d'àcheter un bâtiment voiſin pour les ſales de Peinture & de Sculpture. (*)

Après le dîner chés S. E. Mr. le C. de *Firmian*, j'allai voir, prés de ſon hôtel, le College

(*) J'ai négligé dans mes *Zuſætze* de faire mention des ouvrages ſuivans qui concernent la fameuſe Bibliotheque ambroſienne: JAC. PHIL. OPICELLI *monumenta Bibliotheca ambroſianæ. Mediol.* 1618. 8. — ERYCII PUTEANI *Oratio de uſu fruâuque librorum Bibl. Ambr.* in PUT. *Suad. act.* Lugd. Bat. 1623. 8. — PETRI PAULI BOSCÆ *de Origine & Statu Bibl. Ambr. Libri V.* in GRÆVII *Theſ. Ant. & Hiſt. Ital.* T. IX. Part. VI. Parmi les derniers voyageurs c'eſt le ſavant Suédois Mr. *Björnſtahl* qui a dit le plus de choſes inſtruâives ſur cette Bibliotheque, de même que ſur les autres qu'on voit à Milan; ſeulement faut-il obſerver que la célébre Bibliotheque *Pertuſati* appartient aujourd'hui au College Royal *de Brera* & que celle de feu M *de Haller* a augmenté le nombre des Bibliotheques remarquables de Milan.

des Nobles de St. Jean qui a appartenu ci devant aux Jéfuites & qui probablement fera donné aux Barnabites. Je revins chés moi pour écrire des lettres & j'allai tard paffer une heure à un petit bal, chés un Orfevre allié avec mes hôtes. On danfa des menuets & des contredanfes angloifes & à 10 heures on eut pour collation du vin rouge fec & de petits gâteaux de pâte feuilletée.

Le 2. Mars.

MM. les Abbés *de Céfaris* & *Reggio* m'accompagnerent au Dôme; mais nous ne pûmes monter fur le toît ni fur la tour, parce que le facriftain y étoit avec d'autres & avoit fermé en bas l'entrée, à clé. Je vis du moins les curiofités de l'églife & furtout la célebre & riche chapelle Borromée.

Nous allâmes encore dans d'autres églifes: S. *Etienne*, dite *della Rotta* en mémoire d'un prodige où le fang des catholiques s'eft féparé de celui des Arriens après une efcarmouche dans cette églife; on montre fur le pavé le monument de ce prodige.

La Paffion, à laquelle on arrive par une longue & belle avenue, & qui renferme beaucoup de beaux tableaux fpécifiés dans la *Defcrizione di Milano* par *Latuada*, grand ouvrage de 5 volumes in 8vo dont j'ai oublié jusqu'à ce moment

de

de Vous faire mention. Le maître-autel est un des plus beaux qu'on puisse voir, fait de *pietre dure* ornées de peintures &c. il mérite d'être examiné de près. La boiserie du chœur est belle & présente des perspectives en sculpture. Au fond du chœur est un beau tableau de *Lavini* & dans le Réfectoire se voyent deux immenses tableaux qui ne sont pas du tout mauvais. J'ai remarqué aussi dans cette église un très beau mausolée de marbre de Carrare, orné de festons d'excellente sculpture & érigé à la mémoire de l'Archevêque D. *Birago*, fondateur de l'Eglise, mort en 1487. Mais j'ai été fort choqué d'une figure de Christ sur un des bas-reliefs de la façade; on ne peut voir un air plus ignoble, plus digne de la fustigation, sujet du bas-relief.

Nous avons fait ensuite une visite à Mr. le Marquis *Castelli*, Seigneur aussi instruit & aimable que distingué par sa naissance & par l'emploi qu'il fait de ses richesses. Il a cultivé l'Astronomie pratique, mais une chûte malheureuse qu'il a faite, l'a mis hors d'état de se livrer encore aux observations autant qu'il voudroit. Il m'a montré ses beaux instrumens: Une lunette achromatique de 5 pieds par *Dollond*. — Une autre, un peu plus longue par *Passemant*, dont le verre a souffert dans le voyage. — Un beau télescope de 2 pieds de foyer par *Dollond*. — Un autre de 12 pouces, par *Nairne*. — Un petit télescope de poche. — Une de ces jolies petites lunettes de poche, de *Dollond*, (qui commencent à devenir communes) où le pied, à trois pattes, peut se mettre dans le tube de la lunette. — Quelques autres lunettes de différentes grandeurs. — Un petit sextant fait à Paris par *Bernier*. — Un joli système de *Copernic* avec ses mouvemens, fait à Paris par *Robert*, & auquel sert de pendant une sphere armillaire, de même fort joliment travaillée. Le Marquis *de Castelli* possede aussi de beaux instrumens de Physique en grand nombre, entr'autres différentes machines électriques parmi lesquelles il y en a déja une à plateau, & ce disque est trés beau. Enfin j'ai vu encore dans ce palais meublé richement & de grand goût, une jolie Bibliotheque & plusieurs beaux tableaux.

Après un grand & beau dîner chés M. *Rougier*, Négt. je fis une promenade au Cours. C'étoit un des grands jours; la quantité de carosses & de chaises à 2, 4 & 6 chevaux étoit prodigieuse; celle des masques à pied, à proportion; il y en avoit beaucoup aussi à cheval. Sur plusieurs voitures même les cochers & les laquais étoient masqués, en arlequins, en scapins ou autrement. Les compagnies les plus gaies qui

rempliſſoient les voitures y avoient des corbeilles remplies de mauvaiſes dragées dont ils jet-
toient des cueillérées pleines dans les caroſſes de
perſonnes de leurs connoiſſance, & aux gens
qui garniſſoient en foule les fenêtres & les balcons des maiſons qui bordent le cours; il ne
faiſoit pas trop ſûr pour les piétons dans ces
nuées de grêle.

Le ſoir j'ai aſſiſté à une fête un peu plus
grande chés le même Mr. C. où j'ai été la veille.
Il y eſt venu un ami de la maiſon, avec un inſtrument de muſique très agréable, dont il joue
en perfeſtion & qui m'étoit inconnu.   C'eſt le
luth combiné avec une petite
harpe, de la forme à peu près
que voici.   Il y a cinq dou-
bles cordes de métal au Luth;
& celles de la Harpe paſſent
ſur deux pieces compoſées
chacune de trois pieces qui ne
ſont pas jointes par leurs ex-
trémites, mais de la maniere
que j'ai indiquée.   On tou-
che la harpe avec les doigts de la main droite,
& ceux du luth avec un doigt de la gauche,
muni d'un dé qui ſe termine en crochet.

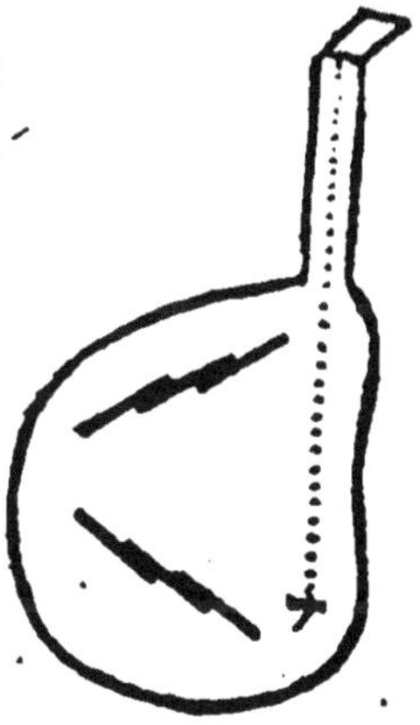

Plus de 30 perſonnes ont été de cette petite fête; on a préſenté des petits gâteaux &

du vin à 10 heures, pendant qu'on danſoit, & vers minuit on a ſoupé: preſque tous ont pu s'aſſeoir; les hommes ont été fort gais & ont beaucoup bû, quoique ſans excès; les femmes de même, ſans être gaies; il m'a paru véritablement ſurprenant, que ſi je n'avois demandé un verre d'eau, il n'en auroit pas paru une goutte à ce répas. Il eſt vrai que le vin n'étoit pas fort & d'une acidulité rafraîchiſſante. Les plats ont été ſervis les uns après les autres. On a commencé par de petites tranches de ſauciſſon; enſuite ſeulement eſt venue la ſoupe, de laſagnes larges (eſpece de *Macaroni*). Les plats ſuivans ont été; une poularde cuite, découpée, avec une farce aux pignons; un ragoût de volaille, avec une ſauce douce, & une autre volaille cuite avec des carottes; de la volaille blanche rôtie avec des pommes & des ceriſes ſeches; enfin le deſſert: de fromage, de raiſins & de differentes eſpeces de pommes. Après le ſouper un des convives eſt monté ſur une chaiſe & a fait à l'impromptu, & avec une grande facilité, un long ſermon burlesque très plaiſant, ſur la gourmandiſe, ſur notre ſoûper & ſur les incidens de la fête; on a danſé encore une contredanſe, on a expedié encore un plat de biſcuits ou plûtôt de croûtes dorées, avec quelques bouteilles de vin & on s'eſt retiré après

2 heures. Je Vous avoue, Monfieur, que cette fête m'a fait plus de plaifir que la plus grande fête de cour; celles-ci fe reffemblent à peu près partout; mais celle dont je Vous ai fait la defcription, au rifque que Vous Vous moquiés de moi, étoit nationale, & très intéreffante, par conféquent, pour un voyageur.

Le 2. Mars.

Mr. le Baron *de Cronthal* eft venu me prendre pour me mener à l'Archevêché, en voir les appartemens & furtout les tableaux; ceux-ci forment une très belle collection dans une longue gallerie. Je les ai comparés avec les defcriptions de MM. *Cochin* & *de la Lande*, mais je Vous fais grace de ces détails. J'ai vu dans d'autres pieces des tableaux acquis plus nouvellement: par ex. de belles vues de Rome, des tableaux dans le goût de *Breughel* & d'autres beaux morceaux modernes. Le Cardinal Archevêque eft lui-même grand Amateur de peinture & en forme une nouvelle collection à fa maifon de compagne, où il fe trouvoit actuellement & où il doit avoir fait tranfporter les tableaux de *Pannini* dont Mr. *Cochin* fait mention (T. I. p. 45.).

Je fuis monté enfuite avec Mr. *de Cronthal*, fur le toît de la Cathédrale; & j'ai vu cette immenfe carriere de marbre avec étonnement, mais indigné un peu de tant de profufion de la matiere & du travail, mal employée. Il n'y a pas d'apparence que ce fingulier édifice foit jamais achevé, mais on ne laiffe pas d'en continuer la bâtiffe, & la tour, un de fes principaux ornemens, vient d'être achevée tout nouvellement. Contre les opinions des meilleurs géomêtres de Milan, rapportées par Mr. *de la Lande* (T. I. p. 284.) on a exécuté la pyramide dont ce voyageur parle, & on vient de placer fur cette aiguille une ftatue de la Vierge, de marbre & dórée (*).

Je revis r' .s en détail que la premiere fois la chapelle P . omée, & le Saint lui - même, dans fa chaffe. Les pierreries dont elle eft ornée jettent un grand éclat, mais on dit qu'elles ne font pas de fort grand prix.

J'ai trouvé au dîner, chés Mr. *Bonnet*, de mes connoiffances de Genes, entr'autres l'aimable Banquier Génevois Mr. *Lamande*, qui étoient venus de Genes pour les derniers jours du Carnaval de Milan; car fuivant le rite ambrofien qu'on obferve à Milan, le Carnaval y

____

(*) Mr. l'Abbé *Frifi* a publié fes remarques fur le fujet dont je viens de parler, avec une defcription de la coupole, dans fes *Inftituzioni di Mecanica* &c. citées plus haut.

commence & y finit trois jours plus tard qu'ailleurs en Italie, & bien des bons catholiques y viennent les derniers jours, plus encore pour abreger leur carême que pour prolonger leur carnaval; la contrainte de manger du poiſſon à des tems marqués leur fait prendre cet aliment presqu'en horreur, & on n'en voit presque jamais ſur leurs tables, hors des jours maigres.

Nous allâmes en voiture au cours, extrémement brillant & tumultueux; la foule ſe continuoit, comme hier, ſans interruption jusques ſur la grande place; j'ai remarqué parmi les maſques un Roland furieux, des Rabbins, des perruquiers qui poudroient les paſſans & qui n'épargnoient pas la poudre; on épargnoit encore moins les dragées.

Mr. *Lamande,* eſt allé avec ſa compagnie hors de la ville voir un ſpectacle de college ſemblable à ceux dont je Vous ai parlé; j'aurois ſouhaité, pour avoir vu de tout, d'étre de la partie, mais il étoit trop tard, d'autant qu'on n'entroit que par billets; ce qui a lieu, je crois, auſſi dans les autres ſpectacles des Colleges, quand on n'a pas un auſſi bon introducteur que j'en avois un au College Impérial.

J'ai vu cependant du nouveau, avec Mr. *Guibert:* un théatre de Marionettes dont la décoration étoit jolie; je n'y ſuis pas reſté; j'ai

paſſé ma ſoirée agréablement chés le P. *Friſi;*
nous ſommes deſcendus pour voir au théatre le
grand ballet; & je ſuis revenu chés moi de bonne heure plus endormi qu'eveillé.

Le 3. Mars.

Mr. *Rougier* m'a prêté ſa chaiſe & le Baron
de Cronthal, m'a accompagné, pour voir à une
petite lieue de la ville, la maiſon de Campagne
nommée la *Simonetta,* remarquable par un écho
dont Vous aurés lu quelque choſe. Cet écho
répete les 2 ou 3 premieres fois lentement, mais
les ſuivantes fort vîte. Un coup de piſtolet que
nous avons lâché à différentes répriſes, a été
répété 58 à 65 fois & pendant que ces répéti-
titions ont duré j'ai compté 15 ſecondes à ma
montre. Un éclat de la voix ſonore de Mr. *de
Cronthal* a été répété 32 à 37 fois & j'ai compté
8 à 9 ſecondes. Mais il faut obſerver que le
nombre des répétitions, que j'indique, ſe rapporte à l'ouie bonne & naturelle du Baron &
non à la mienne qui eſt beaucoup plus foible ou,
comme on dit, plus dure; par exemple, je n'entendois la répétition de ſa voix que vingt &
quelques fois. Le tems étoit froid & couvert,
je m'imagine que cet écho doit ſe reſſentir auſſi
de la diſpoſition de l'air. Au reſte la ſurface
qui renvoye l'écho eſt fort voiſine de l'endroit

où l'on écoute; c'eſt le mur d'une des ailes de la maiſon, & on ſe place au premier étage d'une gallerie ouverte, de l'autre aîle; il n'y a que la cour entre deux. — L'architecture de cette maiſon de campagne eſt aſſés noble, il eſt domage qu'on la laiſſe déperir; la maiſon eſt démeublée; la fille qui nous l'a montrée a prétendu nous faire voir des tableaux, qui ſe ſont réduits à 3 ou 4 inſignes barbouillages.

Vu au retour la jolie égliſe de *S. Angelo in vado* & la belle & grande égliſe de *S. Marc.* La premiere a une belle façade; il n'y a que les obéliſques aux deux côtés du fronton qui me déplaiſent; mais c'eſt le goût des Milanois; ils vantent beaucoup les façades à obéliſques & on en voit à pluſieurs égliſes.

Le Cloître de S. *Sempliciano* où nous entrâmes auſſi, eſt beau & vaſte; aujourd'hui les Gardes nòbles & leurs chevaux logent dans le couvent. J'ai reſté quelque tems au College de *Bréra* où j'ai vu la riche Bibliotheque, la belle colonnade de la cour, la ſtatue, le globe & le ſerpent dont Mr. *de la Lande* parle avec plus de juſteſſe que M. l'A. R. pp. 324. 325 (*).

H 5

(*) „Un globe de marbre ſurmonté par un dragon de bronze; autour de ce globe, il y a une zone de bronze qui préſente en relief quelques ſignes du Zodiaque, parmi

Après le dîner: promenade au Cours en voiture avec Mr. *Bonnet*, mais non fans regret aujourd'hui de me féparer de ma peliffe; „fi vous „n'étiés pas en robe de chambre, me dit M. B. „je Vous propoferois d'aller au cours” & fachant l'étiquette il me fallut bien me réfoudre à quitter ce qu'il nommoit fort improprement ma robe de chambre. Vous aurés de la peine à croire que quelque tems qu'il faffe on ne peut fe préfenter décemment à cette promenade publique à moins d'être chapeau bas & habillé comme s'il s'agiffoit d'aller à l'appartement chés l'Archiduc.

Je ne fis plus qu'une vifite au P. *Barletti;* mais à 10 heures du foir je retournai chés M. *Bonnet* qui en attendant le fouper me donna des éclairciffemens fur la partie mercantile du voyage de M. *de la Lande* (*). Vers minuit nous nous mîmes à table & après le fouper nous allâmes, avec les étrangers de Genes, au bal du

lesquels eft le verfeau & c'eft de l'urne de ce verfeau que l'eau fort quand on fait jouer la pompe qui eft près de ce globe. "

(*) J'ai inféré ces remarques dans mes *Zufætze* T. I. p. 99. 100. Mais un ouvrage tout nouveau à coufulter ce font les *Memorie per fervire alla ftoria del commercio dello ftato di Milano* par M. *Angelo Pavefi* 1778. Le commerce de la ville & de la province de Côme en eft à la vérité le principal objet.

théatre, qui fe donnoit fans qu'il eut eu fpectacle auparavant. La cohue étoit prodigieufe, &
à cela près rien ne m'a frappé particulierement;
la quantité de monde étoit caufe peut-être qu'on
ne pouvoit trouver ou difcerner les mafques les
plus remarquables, d'autant que les dominos ou
manteaux noirs, à la vénitienne, avec la Baüte,
faifoient de beaucoup le plus grand nombre.
Je ne fais comment il s'eft fait cependant; fans
danfer, fans jouer, fans dormir & fans m'ennuyer, je fuis refté jufqu'à 5 heures du matin.
Il eft vrai que je me fuis arrêté fouvent dans les
falles du *Ridotto*, où l'on jouoit au *Biribi*;
elles font derrière le théatre, joliment ornées,
& on y étoit affés à fon aife. — Il ne m'a pas
paru les jours de fpectacle qu'on jouât beaucoup
dans les loges, quoiqu'on dife que c'eft l'ufage
en Italie. Les loges, quand perfonne n'y eft,
fe ferment par devant avec des volets, qu'on
monte comme des fenêtres à l'angloife; les
armes des poffeffeurs des loges, lesquels font
toûjours des premieres familles, font peintes
fur ces volets, ce qui ne laiffe pas de fervir
d'ornement. J'ai remarqué des volets femblables au théatre de Genes, mais il n'y en avoit
que peu de peints.

Le 4. Mars.

Des lettres à écrire me permirent de me repofer ce matin de la veillée de hier; mais je ne laiſſai pas de fatisfaire à un engagement que j'avois au Couvent de St. Alexandre avec le P. *Recani,* qui m'a fait faire la connoiſſance de M. l'Abbé *Lecchi,* Exjéſuite, célébre par ſes ouvrages ſur les mouvemens des eaux (*), & celle du P. *Pini,* Barnabite, qui a la garde du Cabinet d'hiſtoire naturelle fondé pour le College de St. Alexandre ſeulement depuis deux ans. J'ai trouvé cette collection déjà fort riche, pour ce court eſpace de tems; elle l'eſt furtout en minéraux, en pierres filiceuſes, en foſſiles & en criſtaux. J'ai remarqué parmi ces derniers de beaux criſtaux ſpateux filamenteux, du pays, & des criſtaux roſacés de Hongrie; parmi les foſſiles, des cadrans & d'autres pieces rares; le P. *Pini* m'a montre auſſi une eſpece de talc du pays, curieuſe en ce qu'elle eſt opaque & reſſemblante a de l'argent, au point qu'on a commencé à la mettre en œuvre. Il y a des coquillages auſſi dans ce cabinet, & en aſſés grand

(*) L'Abbé *Lecchi* a publié encore après les ouvrages que j'ai cités dans les *Zuſætze* T. I. p. 87. Un *Trattato de' Canali navigabili,* Milan 1776. 4. & il eſt mort la même année.

nombre déjà pour qu'on ait pu commencer à les affortir (*).

Après ma toilette, pour dîner chés M. le C. de *Firmian*, j'ai passé encore chés M. *Barella* qui m'a montré dans l'hôtel de S. E. quatre on cinq chambres où je n'avois pas été & où j'ai vu encore beaucoup de beaux tableaux; j'ai admiré particulièrement un corps nud, par *L. da Vinci*, & j'ai vu avec bien du plaifir toute l'augufte Famille Impériale réunie dans une falle.

Le P. *Frifi* m'a accompagné au Cours, peut-être plus rempli que jamais; c'étoit le dernier jour du Carnaval. Revenu chés moi j'ai eu la vifite de l'aimable Abbé de *Cefaris* & je ne fuis plus forti.

Le 5. Mars.

Déjeuné chés M. l'Abbé *de la Grange*, au College de Brera, après quoi le Baron de *Cronthal* m'a mené à la *Cafa Litta*, le Palais magni-

(*) Le P. *Pini*, connu déjà par des dialogues fur l'architecture, par une Introduction à l'hiftoire naturelle & par une methode de préparer & de conferver les oifeaux dans les cabinets, (v. *Zufætze* T. I. p. 81. 95.) a publié depuis peu des *Offervazioni mineral. fu le miniera di Ferro di Rio ed altri Parti dell' Ifola d'Elba. Milano 1777. 110. p. 8. Cet ouvrage intéreffant doit fe trouver en partie ou en entier dans le Journal de Phyfique du Mois de Décembre 1778. Il eft propable, que par le féjour du P. *Pini* dans l'île d'Elbe, le cabinet auquel il eft prépofé aura reçu des augmentations confidérables.

fique de Mr. le Marquis de *Litta*. Je fus pré-
fenté au Cavaliere *Litta* frere du Marquis; il
me reçut fi poliment que j'eus lieu de regretter
d'avoir été introduit fi tard dans cette maifon,
dont d'autres voyageurs ont déjà fait l'éloge
comme d'une de celles qui fait le plus fplendi-
dement les honneurs de la ville. J'ai vu tout
l'intérieur de ce beau palais, ou du moins les
principales pieces, auxquelles on arrive par un
efcalier des plus impofans & digne, comme tout
le refte, d'une maifon royale. Deux longues
falles ou galleries & d'autres pieces encore,
font remplies de tableaux des plus grands maîtres: de *Vandyck*, du *Bourguignon*, d'*André
del Sarto*, des *Procaccini*, du *Guerchin* &c. Un
des plus remarquables eft celui d'un peintre allemand ou flamand figné MDLXXX & repré-

$$\mathcal{M}$$

fentant les évenemens les plus mémorables du
Siege du Siege de Troye, avec des infcriptions
auprès de chaque fujet, qui l'expliquent. On
y voit un nombre prodigieux de figures, faites avec un travail & d'un fini étonnant (*).

(*) Le figne du peintre pourroit fignifier *Martin de Cleef*
fi c'eft un *C* qui eft joint à l'*M*; ou bien *Matthieu
Greuther*, fi c'eft un *G* & que ce célébre graveur ait
auffi manié le pinceau.

L'ameublement du palais *Litta* eft des plus riches & des plus élégans, foit dans les appartemens d'hyver foit dans ceux d'été; parmi les tapifferies de Bruxelles il y en une très belle d'après *Teniers;* une falle furtout m'a beaucoup plu, meublée de velours bleu & or, avec de grandes glaces & des fculptures en bois & dorées; c'eft une piece fuperbe & de grand goût.

M. *Reycends,* chés lequel je fis mon premier dîner du Carême, me mena au fortir de table chés Mad. la Comteffe *Clélie Borromée,* une Dame qui a paffé dans fon tems à jufte titre pour un prodige entre les perfonnes de fon fexe, par fa vafte erudition & par un zèle extraordinaire pour les progrès des fciences, & qui conferve encore, à l'âge de plus de 90 ans, avec beaucoup de politeffe, affés de préfence d'efprit pour que fa converfation n'ait rien de pénible ni de désagréable. J'ai été véritablement charmé d'avoir fait cette connoiffance & j'ai quité la refpectable Comteffe rempli de vénération pour elle (*).

J'entendis enfuite une belle mufique d'églife à St. Alexandre, où je vis le Cardinal Ar-

___

(*) Cette Dame eft morte l'année fuivante âgée de 93 ans; j'ai parlé d'elle affés au long dans mes *Zufætze* T. I. p. 96 - 98, en faifant mention auffi de l'Académie qu'elle a voulu fonder & pour laquelle elle a fait tout a qui a dépendu d'elle.

chevêque donner la bénédiction suivant le rit Ambrofien & avec le brillant oftenforio.

Enfin j'ai paffée ma dernière foirée chés mon cher & illuftre P. *Frifi*, où j'ai fait encore la connoiffance de Mr. l'Abbé *Granella*, Profeffeur de Mathématiques au College ou à l'Univerfité de Brera, qui s'occupe actuellement de la même matiere qui a fait le fujet de mes premiers Mémoires dans la collection de notre Académie (*). Il s'y eft trouvé encore un autre jeune mathématicien de mérite, mais dont le nom malheureufement m'a échappé comme de tant d'autres favans avec lesquels je me fuis rencontré.

Je pars de Milan demain, Monfieur; ainfi je laifferai ici ces feuillets pour Vous être envoyés par le premier courier, & j'en joindrai encore un où j'ai raffemblé quelques obfervations détachées, & affés futiles à la vérité, que je me fuis amufé hier au foir, foit à trier de mon Journal foit à recueillir de mémoire.

Je n'ai point été fouillé du tout en entrant à Milan; j'avois fait plomber ma malle & pris un bulletin à Pavie; & moyennant celà j'ai été quitte de la vifite.

On

(*) Sur *la Tenfion des fils* &c.; l'ouvrage de Mr. *Granella* a paru peu de tems après.

On peut évaluer très approchamment 3 livres de Milan à 2 livres de France, ou 6 gros & demi de notre monnoie.

Le *moggio* de *bled* pesant 233 liv. de France, coûte à présent 45 liv. de Milan. Il n'en coûtoit pas 25, il y a 10 ans (*). De là vient que la miche de pain, à un sol de Milan, ne pèse plus que 3 onces au lieu de 5 ou 6.

La livre de bœuf (livre de 28 onces) coûte 14 sous; celle de veau 16 sous; celle de mouton 10 sous.

Le *boccal,* ou la chopine, de lait coûte 2 sous.

La livre de beurre, 24 à 28 sous; celle de chandelle 26 sous.

La livre (de 12 onces) de bougie, 45 sous.

Le Quintal de foin, qui ne coûtoit que 4 liv. il y a 10 ans, en coûte aujourd'hui autour de 7.

Un repas ordinaire à l'auberge coûte 3 à 4 Liv.; chés le traiteur de l'hôtel de Lyon, seulement 40 Sous. — Une assés bonne chambre à l'auberge, si ce n'est pas la derniere semaine du Carnaval, 1 Liv. 10 S. par jour. — Un lit qu'on loue par Mois, 18 Liv. — Un valet de place 3 à 4 Liv. Celui que j'avois pris étoit si sot que je n'ai pu le garder.

(*) *Voyage* de Mr. de LL. T. I. p. 395.

·On payoit à l'opéra de Pavie 4 Liv. à caufe du nouveau bâtiment; mais 20 ou 30 fous de moins à Milan. Ici l'entrée au dernier bal du Théatre coûtoit 45 fous. —— Une taffe de Chocolat coûte 15 fous; une de Caffé $7\frac{1}{2}$.

Les noms de rues ne font pas marquées à Milan aux carrefours, & on ne Vous indique les demeures gueres autrement que par les églifes voifines. Pour me guider, je me fuis aidé le plus fouvent d'un plan de la ville, affés vilain pour l'exécution, mais utile par fa grandeur & par près de 300 renvois; il ne coûte que 20 fous.

La ville n'eft pas éclairée; beaucoup de lampes qui brûlent devant les images facrées y suppléent un peu; on eft obligé d'ailleurs, par ordre de la police, de ne pas aller fans lanterne après une heure de nuit. Je garderai comme une relique ma petite lanterne de papier milanoife de 6 S.

On remarque aux entrées des palais, & aux paliers des grands efcaliers 3 trous à côté l'un de l'autre, percés dans une pierre; ils fervent à y éteindre les flambeaux; invention fort différenté de celle qui eft en ufage à Berlin.

Une coûtume qui frappe par fa fingularité ou plûtôt parce qu'elle eft contraire aux ufages d'autres pays, c'eft que dans le Milanois les femmes portent de très grands manchons, la plûpart de loup-cervier, tandis que les hommes ne portent que de fort petits manchons.

J'ai trouvé fur les tables de Milan une quantité de chofes qui étoient ou nouvelles pour moi ou qui m'ont frappé comme étant plus particulieres auffi à l'Allemagne qu'à d'autres pays. En voici des exemples.

En fait de foupes: du ris au faffran & des pâtes de Cagliari en Sardaigne. En fait de légumes: on mange beaucoup de choux aigres à Milan & c'étoit même un plat de fondation chés S. E. le Comte de *Firmian*; j'y en ai mangé une fois avec des anchois au lieu de porc falé. J'y ai trouvé regulierement auffi des Cardes d'Efpagne fi rares chés nous.

Le foie & la cervelle, en friture, plat très commun dans l'état de Genes, l'eft encore plus à Milan, où c'eft même également un plat ordinaire fur la meilleure table à la quelle je me fois trouvé. De la venaifon avec une fauce douce m'a rappellé les fauces de nos contrées.

Je n'ai pas trouvé les jours maigres des plats fort particuliers outre ceux dont j'ai déjà fait mention de Pavie; je citerai feulement des petits brochets mârinés; du Thon mariné, avec une fauce aux raifins; de la Merluche en bignets, & des boulettes de pâte frites dans du beurre, qu'on nomme bignets de carême ou *turtei*;

c'eſt une eſpece de *Klöſſen*, qu'on fait auſſi dans ma patrie & qu'on ne connoit pas à Berlin.

On trouve aſſés régulierement au deſſert, du *Maſcarpon*, fromage blanc de crême, & du *latte mele* qui eſt de la crême fouettée; celle-ci ſe mange avec des *canons*, eſpece de gauffres ou d'oublies.

Les gâteaux de Milan ſont réellement communs à Milan; on ſert auſſi beaucoup de pâtes feuilletées & de biſcuits à l'anis. La raiſinée de courge & le poivre d'eſpagne au vinaigre ſe mangent avec le rôti. Des Olives de Vérone ſont les meilleures Olives que j'aye encore vues.

Le vin généralement parlant, eſt mauvais à Milan; on peut ſe faire donner à l'auberge du vin de Montferrat doux; il eſt plus beuvable que la piquette ordinaire. La choſe eſt différente chés les particuliers aiſés, ils donnent le plus ſouvent de bon vin. Le vin d'abſynthe, en uſage, à ce qu'on dit, dans les pays Autrichiens allemands, l'eſt auſſi un peu à Milan; ſurtout on en ſervoit régulierement un verre après la ſoupe chés le Miniſtre, où je me rappelle d'avoir goûté auſſi d'un bon Malaga doux & rougeâtre qui ne m'étoit pas connu. Le vin de Syracuſe délicieux que j'ai bu à Genes & à Milan me feroit regretter que ce vin ſoit ſi rare en Allemagne, ſi c'étoit une boiſſon dont je puſſe uſer ſans danger.   Je me ſouviens dans ce moment auſſi d'un bon vin d'Alicante qui ſe beuvoit chés M. M. à Genes, comme vin de table & qui étoit moins foncé, moins fort, moins épais & ſentant moins la médecine, que le vin d'Alicante que nous connoiſſons en Suiſſe & en Allemagne.

Savés Vous, Monſieur, ce que c'eſt que du *Sapajon?* c'eſt du Malaga chauffé avec des jaunes d'œufs; je n'ai fait qu'en goûter; ainſi ne me ſoupçonnés pas d'être allé en bonne fortune.

M. *de la Lande* accuſe les Milanois du peuple de manger beaucoup, & il dit que c'eſt pour cela & parcequ'ils ſont bonaces, qu'on les nomme *buoni buzzeconi;* il explique ce mot par *buzzecca,* ce qui ſignifie ici tripes ou entrailles; mais ſi cette dérivation eſt juſte, comme il le paroît, elle ne vient pas cependant, je crois, de ce que ces gens rempliſſent beaucoup leurs propres entrailles, comme M. de LL. le fait entendre (T. I. p. 378.), mais de ce qu'ils mangent beaucoup de tripes.   On m'a aſſuré que c'eſt la premiere choſe qu'on offre le matin dans les auberges aux gens du commun & qu'ils les mangent en grande quantité; ils en font moins uſage aux autres repas; pour moi je ne me rappelle pas d'avoir vu ce mets ſur aucune table excepté en pâté chés le Miniſtre.

Je n'ai fçu pendant quelque tems que faire de certains boudins de la grandeur de nos *Brat-würfte*, les uns jaunes, d'autres tout blancs, que je voyois pendus en abondance dans beaucoup de boutiques; enfin j'ai demandé & on m'a dit que c'étoient des boudins de graiffe qu'on faifoit fondre dans les foupes; & que les jaunes font de la même efpéce que les blancs, mais teints avec du fafran.

On ne voit pas dans les rues de Milan, de ces tourtes, ou *Farinate*, de feves, de pois, de châtaignes, de maïs, comme à Genes, ni de *Paniza* qui eft auffi une efpece de gâteau fait de maïs, mais les boulangers font des pains en quantité de ce blé de turquie; on les diftingue dans les boutiques à leur couleur jaune; l'odeur en eft agréable, mais c'eft un manger fort pefant. Ce qu'on trouve à chaque pas au contraire dans les rues mêmes, ce font des châtaignes, foit cuites foit grillées; il s'en fait une confommation étonnante.

ADDITION XIV.

Hiſtoire & deſcription de l'Obſer-vatoire Royal à Milan (*).

L'Aſtronomie pratique étoit cultivée au Col-lege de Bréra pluſieurs années avant qu'on y conſtruiſit le bel Obſervatoire qui en fait au-jourd'hui l'un des principaux ornemens. Dès l'année 1760 deux Lecteurs en philoſophie, les

I 4

(*) J'ai fait uſage pour la partie hiſtorique de cet article, d'une *notice ſur la naiſſance de l'Aſtronomie pratique & l'établiſſement d'uu Obſervatoire dans le College de Bréra,* qui précede un mémoire ſur la longitude de ce College, dans les Ephémérides de Milan, année 1776. Pour ce qui regarde le bâtiment & les inſtrumens, j'ai ſuivi en gran-de partie les remarques que j'avois portées ſur mon Jour-nal; mais j'ai conſulté auſſi divers morceaux rélatifs aux inſtrumens & aux augmentations faites à l'obſervatoire poſtérieurement à mon voyage; morceaux répandus dans les Ephémérides de Milan & dans les nôtres de Berlin; & que j'aurai ſoin de citer à leur place. Enfin je n'ai ſurtout pas négligé non plus un écrit ſur l'obſervatoire de Milan qui ſe trouve dans le Journ. des Sçav. 1776. Oct. Ed. de H. à la ſuite d'une annonce des Ephémérides de Mi-lan, de la même année.

PP. *Pascal Bovio* & *Dominique Gerra,* nés avec le goût de l'obſervation, entrerent de concert dans cette carriere. Sans autre vûe que celle de ſe rendre toûjours plus utiles dans le poſte qu'ils occupoient, ils jetterent les fondemens d'un édifice conſacré à la plus ſublime des ſciences humaines, & où leur mémoire mérite bien d'être conſervée. Leur intention étoit de s'aſſûrer par leurs propres yeux de ce qui s'enſeigne communément ſur le ſyſtême céleſte, ſur l'ordre qui regne dans les mouvemens vrais ou apparens des divers corps qui le compoſent, ſur les variations régulieres que le tems y fait appercevoir &c. Articles dont ils n'avoient donné des leçons jusqu'alors qu'en les empruntant des Aſtronomes célebres dont ils liſoient aſſidûment les écrits.

Ils choiſirent pour l'exécution de ce projet un appartement ſitué dans la partie la plus élévée du College, loin de tout bruit & où ils n'avoient point d'importuns à craindre. C'eſt en cet endroit ſolitaire qu'avec leur *Bayer* à la main, ils alloient s'enfermer auſſi ſouvent que quelque belle nuit les y invitoit, & s'y occupoient à paſſer en revûe les conſtellations, les planetes, en un mot tout ce qu'un ciel ſérein offroit de remarquable à leurs yeux. Pluſieurs mois de pareilles ſéances leur avoient déjà ren-

du tous ces objets familiers, lorsqu'heureufement pour eux & en même tems pour la gloire
du College, il vînt à paroître une Comete. Nos
Lecteurs fçurent la diftinguer à une certaine
lueur pâle qui l'environnoit; ils déterminerent
la région du ciel où chacun pouvoit la voir &
ils publierent la premiere nouvelle de fon apparition.

Le fruit le plus précieux de cette découverte ne fut pas le plaifir qu'on s'imagine bien qu'elle fit à des hommes trop épris de leur nouveau
genre d'étude pour n'être pas flattés d'un pareil
fuccès: ce qui la rendit furtout intéreffante, ce
furent les réflexions qu'elle fit naître fur la né-
ceffité d'en venir à la pratique en matiere d'Aftronomie.   Les deux Lecteurs reconnurent que
pour parvenir à des connoiffances auffi précifes
& auffi fublimes que celles qu'on avoit acquifes
particulierement fur la fameufe comete de l'année précédente 1759, il leur faudroit néceffai-
rement opérer d'après les grands maîtres; c'eft
à dire, fixer d'abord dans le ciel, par des obfervations les plus exactes qu'il fe pourroit, la route que l'aftre inconnu auroit paru y tenir; enfuite lier étroitement cette route avec tout ce
que nous avons de plus familier & de moins
fujet à variation dans notre fyftême.   Le premier de ces articles, celui de fixer exactement,

la route de la Comete dans le ciel, demandant bien des *opérations* qui ne pouvoient fe faire fans inftrumens, l'occafion en fit fentir le befoin & en même tems celui d'un endroit où l'on put en faire ufage commodément; car l'appartement où l'on s'étoit occupé jufqu'alors, pouvoit à la vérité tenir lieu d'un petit obfervatoire, & on y avoit la vûe fur toute la partie méridionale du ciel parfaitement libre, mais elle étoit tellement bornée du côté du Nord, qu'on ne voyoit pas même l'étoile polaire, ni les conftellations qui avoifinent le pôle.

Le Recteur du College, le R. P. *Fédéric Pallavicini*, homme paffionné pour tout genre de fciences & fçavant lui-même, voyant avec un plaifir indicible les progrès que les Lecteurs faifoient de jour en jour dans une partie pour laquelle il s'étoit toûjours fenti de l'inclination, les encourageoit, & il le faifoit autrement que par de fimples exhortations: il leur fourniffoit de tems en tems des fecours, avec une générofité digne de fervir de modele en pareille occafion, & ils fe virent bientôt en état de fe procurer des inftrumens. Quelques lunettes fimples de divers foyers & une affés bonne horloge à pendule, fûrent les premiers dont ils firent l'acquifition. Mais il leur manquoit un quart-de-cercle ou quelqu'autre machine femblable, propre à mefurer des angles, & cet inftrument, dont ils connoiffoient .tout le prix, ils le vouloient d'un grand rayon afin d'opérer avec plus de jufteffe; les moyens leur manquant pour faire venir d'ailleurs un inftrument de cette efpece conftruit par quelqu'artifte de réputation, ils prirent le parti d'en faire travailler un à Milan fous leurs yeux.

Ils n'avoient pas encore eu occafion de fe bien convaincre que la profeffion qui nous fournit les bons artiftes en fait d'inftrumens aftronomiques, doit être longtems exercée, avant qu'on foit en état de contenter la délicateffe de ceux qui s'en fervent. Ils crûrent qu'un ouvrier habile à manier le fer & le cuivre dans des ouvrages communs, pourroit bien auffi, affifté par des perfonnes intelligentes, employer avec fuccès les mêmes matieres dans des ouvrages plus rélévés. On confia donc à un ferrurier d'une habileté reconnue la conftruction de l'inftrument projetté. Rien ne fut oublié du côté de la direction, pour l'avoir parfait dans fon genre. L'ouvrier, qui regardoit le fuccès comme un coup de partie pour lui, y mit tout ce qu'il avoit de connoiffances & d'induftrie. Que ne devoit-on pas fe promettre de tant de bonne volonté jointe à un travail de plufieurs mois? & pourtant tout celà ne produifit qu'un inftrument qui, en faifant voir qu'on avoit compris à quel point de perfe& ion il devoit être porté, ne montroit pas de même qu'on eût fçu ou pu la lui donner.

C'étoit un fextant d'environ fix pieds de rayon, tournant fur un pied de bois fort haut, autour duquel il ne pouvoit achever une révolution. Il avoit une lunette mobile fur une alidade, & un fil à plomb fufpendu ailleurs qu'au centre. On avoit voulu, à ce qu'il paroît, le faire fervir tantôt de mural, tantôt de quart de cercle mobile. Le plan étoit bon, mais l'éxécution trop imparfaite, furtout quant à la divifion du limbe. Auffi ne voyons nous pas que les deux Lecteurs ayent fait ufage de cet inftrument pour l'obfervation des aftres, mais quelque foit le motif qui les en empêcha, on ne doit pas moins leur fçavoir gré du courage qu'ils montrerent dans cette entreprife, de la fagacité avec laquelle ils la dirigerent, & furtout de ce goût pour les opérations aftronomiques que leur exemple infpira à tout le college & qui ne s'eft plus rallenti depuis (*).

(*) On lit dans le *Journal des Sçav.* 1776. Oct. p. 348. & fuiv. que c'eft le P. *Gerra*, Profeffeur de Philofophie & connu auffi par une machine de fon invention pour curer les ports, qui a eu le plus de part à ces premieres tentatives, qu'il s'eft donné beaucoup de peine auffi pour faire conftruire un tuyau de lunette de 60 pieds, qui

Il n'y avoit pas longtems que l'inſtrument dont je viens de parler étoit achevé, lorsque le Recteur, qui avoit l'œil à tout ce qui ſe paſſoit, ménagea un renfort eſſentiel à ſes Lecteurs pour la partie de l'Aſtronomie où ils en avoient le plus de beſoin, c'eſt à dire pour cette pratique journaliere & aſſidue qui forme les bons obſervateurs. Vers la fin de 1762. il appella à ſon college le P. *de la Grange* du même ordre, connu déjà fort avantageuſement par ſes travaux à l'obſervatoire de Marſeille, & ſurtout très verſé dans le maniment des inſtrumens. Il accepta l'invitation avec plaiſir. Il arriva & bientôt on réſolut d'un commun accord que le ſoin de tout ce qu'on avoit acquis juſqu'alors en fait de meubles aſtronomiques lui ſeroit confié, qu'il en tireroit, conjointément avec les deux Lecteurs, tout le parti qu'il ſeroit poſſible d'en tirer pour les obſervations qui ſe préſenteroient à faire; qu'enfin pour le local deſtiné à cet effet, on ſe contenteroit de celui dont il a été parlé ci-deſſus, en attendant qu'un plus grand projet déjà formé, fût arrivé à ſon point de maturité.

Il étoit encore fort eſſentiel, comme on voit, pour des aſtronomes avides de cultiver la

fût inflexible & pour avoir des deſſins & des plans d'obſervatoires, enfin pour parvenir à faire décider la conſtruction d'un petit obſervatoire.

pratique dans un certain degré de perfection que ce projet se réalisât & heureusement des circonstances favorables féconderent bientôt les vœux & les efforts de nos Astronomes.

(*) Le célebre Pere *Boscovich* revenoit de son voyage de Constantinople, de Pologne, en un mot de faire le tour de presque toute l'Europe, & il étoit de retour à Rome vers la fin de Novembre 1763, lorsqu'il fut demandé par le Sénat de Milan pour être Professeur de Mathématique dans l'Université de Pavie, où il se rendit au Printems de l'année suivante, après avoir fait avec le Cardinal *Bonacorsi* la visite des Marais Pontins, sur lesquels il présenta au Pape un mémoire détaillé. Cet illustre Mathématicien ne fut pas plûtôt arrivé dans la Lombardie qu'ayant été passer l'Été à Milan, il fut consulté par le P. *Pallavicini* sur l'observatoire projetté. Il fit avec lui la visite de tout le college de Bréra, & il fit le choix de l'emplacement actuel, comme le plus convenable, à une distance suffisante des rues où il peut passer des carosses; avec toute la solidité nécessaire il fit les plans de la distribution & le dessin des voûtes qu'il falloit bander sur des corridors pour que tout fut solide & qu'il n'y eut point de por-

____

(*) Ici je commence à suivre principalement l'article cité du Journal des Sçavans. *Suum cuique.*

tes à faux; enfin il y ajoûta la place où tous les grands inftrumens devoient être placés. D'après ce deffin il fit exécuter un modele en relief (*): Mgr. le Duc *de Modene*, Gouverneur du Milanois & M. le Comte de *Firmian* le virent & l'approuverent avec éloge; on mit la main à l'œuvre & le P. *Bofcovich* ne cefloit d'aller de Milan à Pavie & de Pavie à Milan, tandis qu'on travailloit à l'exécution.

Mais comme cette conftruction devoit fe faire toute entiere aux frais du college de Bréra, il étoit difficile que cette entreprife n'éprouvât pas des difficultés & des contradictions dans une maifon réligieufe. Le P. *Bofcovich* contribua à les faire lever par des raifons victorieufes, par fon crédit, par les lettres qu'il écrivoit à Rome, & furtout par les fonds qu'il fournit lui même fur fes appointemens, exemple qui fut imité par d'autres Jéfuites. Il donna lui feul plus de mille écus pour la premiere conftruction, & plus de 4000 livres pour terminer différentes parties, pour placer les grands inftrumens, & pour en faire toutes les efpeces de vérifications, qui font difpendieufes, mais nécefaires.

(*) Ce joli modele fe conferve à l'obfervatoire & je l'ai vu.

Il employa pour ces vérifications des mé-
thodes ingénieuses de son invention qui ont fait
la matiere de divers mémoires envoyés à l'Académie des Sciences de Paris & destinés à être
imprimés dans les Mémoires présentés à cette
compagnie par les sçavans étrangers: l'un sur la
position des axes du sextant & la manière de la
corriger pour pouvoir caler l'instrument; un second sur la détermination des axes de la lunette
méridienne; un troisieme sur la détermination
du premier & du dernier point d'un mural &c. (*)
Dans

(*) Ces mémoires n'ont paru encore dans aucun volume
des mémoires des Savans étrangers; il paroit par un pas-
sage qu'on lira plus bas que Mr. l'A. *Boscovich* les a ré-
servés pour un ouvrage séparé concernant ses travaux
pour l'observatoire de Milan, & qui seroit extremement
utile; mais croiroit-on que M. l'A. *Boscovich*, duquel on
a tant d'excellentes productions imprimées en Italie, ne
trouve à Paris aucun libraire pour ses manuscrits? c'est
cependant ce que je viens d'apprendre par une lettre de
Paris. Les curieux qui s'amusent à *béer aux astres* comme
aux corneilles ne sont pas rares aujourd'hui, mais le goût
de la bonne astronomie paroit l'être encore. — Je n'ai
pas donné dans mes *Zusätze* la liste des ouvrages imprimés du P. *Boscovich*, parce que les notices qui pouvoient me la fournir me manquoient; cette liste ne seroit
pas déplacée ici, & la même raison m'empêche de l'insérer.
Je puis du moins indiquer comment on peut se la procurer. La liste des ouvrages que ce savant a publiés jus-
que vers 1762. doit se trouver dans la 2de Edition de son
beau Poëme *de Solis & Lunæ defectibus*. Venise 1762.
& dans sa *Theoria Philosophiæ naturalis*. Les ouvrages

Dans le tems que ce grand Aſtronome étoit occupé de ces différens objets, la Cour de Vienne avoit transporté la ſurintendance des études des mains du Sénat en celles du Miniſtre. Ce Seigneur, qui avoit toûjours fortement encouragé le P. *Pallavicini*, & qui n'a ceſſé d'honorer l'obſervatoire de ſa protection, & de ſes bienfaits les Aſtronomes qui y travailloient, fit uſage auſſitôt de ſa nouvelle autorité pour appeller à Milan le P. *Boſcovich*, & l'on érigea pour lui une chaire d'Aſtronomie & d'Optique dans les Ecoles Palatines de Milan. On lui recommanda ſpécialement l'obſervatoire, achevé dès 1765, & on le chargea de montrer à ſes éleves l'uſage des inſtrumens. Il commença à s'y établir en 1770; mais le P. *Pallavicini* n'étoit plus Recteur du College, & le P. B. ſe plaint de n'avoir plus été également ſécondé dans ſes projets & dans ſes vues. Cependant il ſollicita & il obtint un Coadjuteur qui pût s'occuper de l'Aſtronomie ſous ſa direction. On le fit venir de Rôme (*) & malgré diverſes con-

poſtérieurs ſont indiqués dans le IV. Tome de la *Table de M. l'Abbé Rozier*, à l'article *Boſcovich*, où l'on trouve auſſi un précis de la vie de ce célébre Géometre.

(*) J'ignore qui étoit ce Coadjuteur & ce qu'il eſt dévenu. On n'aura pas de peine au reſte à démêler les motifs de la brouillerie de deux habiles aſtronomes, du même ordre réligieux, faits pour s'aimer & pour ſe ſéconder, & qui

tradictions le P. *Boscovich* continua pendant deux ans à s'occuper des mêmes objets, faisant lui-même la dépense quand cela étoit nécessaire.

La Cour de Vienne l'ayant chargé de rendre compte de l'état de l'observatoire & de tout ce qui pouvoit être utile pour le compléter, il envoya un mémoire détaillé sur ce sujet, où il fit voir tout ce qui restoit à faire pour la perfection de l'Astronomie du côté des observations. Son plan fut approuvé & l'on donna des ordres en conséquence. Cela n'empêcha pas que les Jésuites, qui avoient dépensé plus de soixante mille livres pour cet observatoire, ne crussent pouvoir en disposer, en donnant la direction à un autre Astronome (*).

Le P. *Boscovich* crut alors pouvoir se retirer & il obtint son congé de la Cour (**).

s'ils avoient agi de concert, auroient avancé de 10 ans la splendeur à laquelle l'observatoire de Milan est parvenu. Ces motifs tiennent tellement à la nature humaine, qu'on ne peut s'y méprendre.

(*) C'est à dire qu'on rétablit le P. *de la Grange* dans les droits qu'il avoit en quelque façon à cette direction, puisqu'il avoit été chargé de celle de l'ancien observatoire.

(**) „Il étoit déjà à Vénise (dit le Journal des Sçav. en „continuant) d'où il comptoit partir pour Raguse sa pa„trie, lorsque la suppression de son ordre en Italie, lui „ayant donné une liberté plus étendue il se rendit aux „instances de ses amis, qui lui conseilloient de se fixer „à Paris où ses talens seroient plus secondés & plus uti-

Mr. l'Abbé *de la Grange*, Directeur maintenant du nouvel Obfervatoire, comme il l'avoit été de celui qu'on peut nommer l'ancien, reprit une nouvelle activité & parut prendre à tâche de ne pas faire regretter fon illuftre prédéceffeurs. Si fon âge & une fanté déchue, ne lui permirent plus de faire un grand nombre d'ob

K 2

„les. Il s'y rendit en effet & la Cour crut devoir l'y „fixer par une penfion " — (attachée au titre de *Directeur d'Optique de la Marine*) — „qui put, fuivant les „termes de fon brévet, le mettre en état de fe livrer fans „diftraction à fon zèle pour le progrès des fciences ma„thématiques. Mr. *Bofcovich* a regardé comme un de „fes premiers devoirs de s'occuper de la perfection des „lunettes achromatiques & des inftrumens d'Aftronomie, „à raifon de l'utilité que la Marine peut en tirer. Il fe „propofe de publier auffi fes recherches & fes mémoires „par rapport à l'examen, la vérification & la correction „des inftrumens, avec le détail des précautions qu'il „avoit employées pour donner à l'Obfervatoire de Milan „toutes les qualités néceffaires. "

Il eft fort à regretter que Mr. l'Abbé *Bofcovich*, n'ait pas publié encore ces mémoires fur l'Obfervatoire de Milan, ils feroient affûrement très inftructifs pour tous ceux qui fe vouent à l'Aftronomie pratique. En attendant, cet illuftre Aftronome & Géometre a enrichi depuis peu cette fcience, ou fi l'on veut cet art, de l'invention d'un nouveau micrometre; invention curieufe, réclamée auffi par Mr. *Maskelyne* & par Mr. l'Abbé *Rochon* & fur laquelle on peut confulter le Vol. LXVII. Part. II. des Tranfactions philofophiques & nos Ephémérides de Berlin pour 1780. 2 part. p. 184.

fervations (*), il en dédommagea l'Aftronomie par les éléves qu'il forma, par les mémoires intéreffans qu'il compofa pour les Ephémérides, par les accroiffemens qu'il donna à l'Obfervatoire, foit en inftrumens, foit au bâtiment même. C'eft ici le lieu de décrire tant l'état où j'ai trouvé l'Obfervatoire que les augmentations qu'il a reçues depuis mon voyage.

Pour fe faire une idée de la grande falle de l'Obfervatoire, telle qu'elle étoit lorfque je l'ai vue, il faut fe figurer un théatre à peu près femicirculaire dont le diametre eft un peu renflé en dehors & avec un *profcenium* vers le nord. Au milieu du théatre s'éleve un pilier auquel étoient fixées deux pendules; l'une vers le midi, l'autre vers le nord. Au fond du théatre, dans la courbure circulaire, deux lunettes immobiles étoient dirigées vers le midi, l'une fur la Lyre l'autre fur Syrius, pour connoître toûjours la marche des pendules. Entre ces deux lunettes

(*) On voit dans les Ephémérides de Vienne (1765. 1767. 1768. 1771.) que le P. *la Grange*, n'avoit pas été oifif ni avant ni dans les premieres années après la conftruction du nouvel Obfervatoire. On y trouve beaucoup d'éclipfes de fatellites & autres corps céleftes qu'il a obfervées dans les années 1763 — 1769. Outre cela il a fuivi conftamment les obfervations météorologiques, depuis 1762 — 1776: & cette belle fuite de 15 ans, pour chaque jour, vient d'être inférée dans les Ephémérides de Milan, année 1779.

se trouvoient deux armoires dans l'un desquels on conservoit un Télescope grégorien de *Short* de 24 pouces de foyer avec un bon micrometre objectif achromatique de *Dollond*; dans l'autre un Télescope semblable, à réflexion, de la même longueur, mais fait par *Dollond* & garni d'un micrometre à réticule. Outre ces deux beaux instrumens catoptriques, on avoit aussi plusieurs lunettes dioptriques, ordinaires de 6, 8, 10, 18 & 40 pieds de foyer, & surtout on attendoit encore deux lunettes achromatiques de *Dollond* de 8 & de 10 pieds de foyer, garnies chacune d'un micrometre à réticule. Ces lunettes sont arrivées peu après; de même que deux globes d'un pied de rayon, commandés à Upsal chés le célebre *Ackermann*.

Aux deux côtés du *proscenium* s'élevent jusqu'au dessus de la salle deux tourelles fort joliment construites, avec des coupoles tournantes; une gallerie élégante joint ces deux tourelles & forme un balcon qui domine le théatre. Dans la tourelle du côté de l'Est étoit une lunette méridienne de 3 pieds de foyer, dont les axes reposoient sur deux piliers & susceptible d'un mouvement assés grand, en azimuth, qui se faisoit dans une coulisse de fer. De plus: une machine parallatique, montée en bois de Mahagony, mais dont non seulement les cercles &

les pieces qui fervent à lier celles de bois, font
faites de cuivre jaune, & l'axe même eft un
tube creux de laiton; parce que Mr. l'Abbé
de la Grange a remarqué que les axes de bois
étoient fujets à beaucoup de variations par la
différence de la température; il a donné un mémoire très curieux fur ce fujet dans le 1 vol.
des Ephémérides de Milan (*).   Cet inftrument
en général a été rendu fort commode par le Sr.
Meghele, Mécanicien de l'Obfervatoire, & il
mériteroit une defcription particuliere.   Il ré-
pofe fur un pilier; il eft muni au lieu de fil à
plomb, comme le nôtre, d'un niveau à bulle
d'air, dans l'interfection des trois branches du
pied; les trois vis du pied portent fur des couf-
finets de cuivre; le cercle qui marque l'afcen-
fion droite eft doublé d'une crémaillere pour
modifier les mouvemens; à l'extrémité de la lunette eft un petit pied qui porte un bout de bougie & qui eft fufpendu à la façon des bouffoles.
La plaque elliptique pour éclairer les fils, eft
un peu concave & ce qu'elle a de plus particulier

(*) *Expériences faites à l'Obfervatoire de Bréra, pour con-*
noître fi une Lunette aftronomique, montée fur un pied de
bois ou de métal, demeure conftamment dirigée au même
point d'un objet auquel elle l'a été une fois, ou bien s'il
arrive avec le tems quelque changement plus ou moins fen-
fible dans fa pofition. EPH: DE MILAN. A. 1775.
p. 157-194.

encore c'eſt qu'on peut lui donner d'une maniere très commode les poſitions plus ou moins
obliques, ſuivant qu'on a beſoin de plus ou de
moins de clarté, au moyen d'un reſſort à tambour, monté ſur la lunette & qu'on gouverne ai-
ſément avec un cordon double qui tient à la
plaque & dont l'un des bouts paſſe ſur une
poulie (*).

Dans la tourelle de l'Oueſt, ſe trouvoit un
beau ſextant de 6 pieds, à double lunette, fait
par *Canivet* à Paris, & dans chaque tourelle
étoit un compteur.

Lorsque j'étois à Milan on ſe propoſoit d'é-
léver encore deux autres tourelles qui devoient
faire un quarré avec celles dont je viens de parler; dans l'une devoit être placée un autre inſtrument des paſſages plus conſidérable & au-

K 4

(*) J'ai reçu depuis mon voyage une deſcription détaillée
de cet ajuſtement ingénieux, & je l'avois traduite en Allemand pour nos Ephémérides; mais les figures qui auroient rempli toute une planche, n'étant pas aſſés nettes,
feu Mr. *Lambert*, qui dirigeoit alors ces Ephémérides,
ne put ſe réſoudre à y faire inférer ce morceau. La
même raiſon m'empêche d'en faire uſage ici, jointe à ce
que la deſcription rempliroit 10 ou 12 de ces pages, &
que j'ai renvoyé à Milan l'original françois; j'invite les
Aſtronomes de Milan à décrire eux-mêmes cette jolie invention dans l'appendice de leurs Ephémérides; je n'ai
pu en donner en peu de lignes & ſans figures, qu'une
idée très imparfaite.

quel j'ai vu travailler dans l'attelier de Mr. *Meghele;* la lunette est de 6 pieds & son objectif est achromatique & fait par *Dollond;* les axes ne font pas cylindriques commè à l'ordinaire mais coniques & ils doivent être supportés par un contre poids.

On se proposoit de mettre dans l'autre tourelle à bâtir, les instrumens que j'ai dit placés dans l'ancienne tourelle à l'Est, & de remplacer ceux-ci par un Secteur équatorial à la façon *Graham,* commandé chés *Sisson* à Londres, & pour lequel on avoit payé d'avance le prix de 180 Livres Sterling. Cet instrument arrivé dès 1777, décrit en détail par Mr. l'Abbé *Reggio* & représenté par une belle figure, dans les Éphémérides de Milan pour 1778, a cinq pieds de rayon & porte une lunette achromatique; l'arc est de 20 dégrés, les cercles de déclinaison & d'ascension droite ont un pied de rayon &c. Le Secteur du Roi d'Angleterre à Kew, dont j'ai parlé dans mes *Lettres astronomiques* à la p. 117, a donné aux astronomes de Milan, l'idée de faire venir un instrument semblable; il leur a coûté, commé on voit, 30 Livres St. au delà du prix que j'ai indiqué dans le même ouvrage à la p. 130; c'est peut-être à cause de quelques changemens avantageux que l'artiste y a faits & qui lui ont été indiqués par Mr. *Mas-*

kelyne qu'on avoit prié de veiller à la conſtruction de ce précieux meuble.

Je ne ſaurois dire poſitivement ſi les inſtru‑mens dont je viens de parler ont été placés de la maniere projettée; mais ce qu'il a de ſûr c'eſt que la conſtruction des deux autres petites tours a été exécutée dès 1776 (*), voici ce que m'écrivit à ce ſujet M. l'A. *de Céſaris* dans une lettre du 1. Mai 1777.

„Vous aurés déjà vu par le croquis, qui „eſt à la tête de nos Éphémérides, qu'on a „ajoûté deux tours à l'obſervatoire. L'extérieur „de la ſalle, qui du côté du midi repréſentoit une „portion d'octogone, a été changée en portion „de quarré, au moyen de deux piliers qui ont „été élévés pour ſoûtenir les deux tours. La „Salle loin d'avoir perdu de ſa beauté a pris une „nouvelle grace par la gallerie qui donne la „communication aux quatre tours. Au reſte „ces nouvelles tours n'ont preſque rien ôté de

K 5

(*) A la tête des Ephémérides de Milan pour la même année ſe trouve déjà un deſſin gravé, de l'obſervatoire avec ſes quatre tours. Une autre vue du College de Brera & de ſon obſervatoire, priſe du côté du Jardin, ſe trouve à la tête des Ephémérides de 1777 & de 1778. On remarquera ſur ces plans une Gallerie à baluſtrade de fer qui regne en dehors de la grande ſalle; & la ba‑luſtrade qui entoure la Terraſſe.

„la vue du ciel aux anciennes; car en premier
„lieu, la façade de l'obfervatoire déclinant du
„Sud à l'Eft d'environ 12°. le Méridien en eft
„parfaitement vifible de côté & d'autre dans
„toutes les quatre tours; en fecond lieu, la po-
„fition horizontale des lunettes attachées aux
„inftrumens des anciennes tours étant presqu'au
„niveau du fommet des nouvelles, celles - ci
„n'empêchent la vue que d'environ trois degrés
„à l'horizon, au fecteur équatorial, & d'environ
„fix degrés au fextant, dans la même direction
„de la coupole du Dôme, qui d'ailleurs l'em-
„pêchoit avant cette nouvelle conftruction ——
„ainfi le public fi vous lui faites part de ces re-
„marques (*) doit être désabufé fur ce qu'on
„lit à ce fujet dans le Journal des Sçavans du
„mois d'Octobre 1776, & on rendra juftice à
„M. l'Abbé *de la Grange,* qui ne s'eft déterminé
„à ce changement dans l'obfervatoire, que d'a-
„près les plus mûres réflexions, & de l'avis de
„fes collegues & du plus fage architecte que
„l'on connoiffe ici."

Je crois pouvoir revenir à propos ici à l'article du Journal des Savans, dont j'ai déjà fait
ufage plus haut. Je ne m'arrêterai pas à l'ob-

______

(*) Je les ai inférées effectivement déjà dans nos Ephémérides de Berlin pour 1780. (2. part. à la p. 182.) imprimées en 1777.

jection qui vient d'être réfutée & qui ne consiste qu'en deux courts passages dont voici le 1er : *que les deux tours, sur la figure de l'observatoire, qui sont du côté du midi, ont été faites depuis son départ (de Mr. BOSCOVICH) & contre son avis, parce qu'elles ôtent une partie de la vue à celles qui sont du côté du Nord.* Mais ce qui vient ensuite me paroît si propre à compléter ma description de cet observatoire & à en donner une idée plus distincte, que je ne puis m'empêcher d'en inférer ici la copie ; elle me fera pardonner volontiers quelques lignes de répétitions.

„ Le premier étage de l'observatoire, (continue le Journal des Sçavans,) qui sert comme de base, contient quatre chambres voûtées : elles sont flanquées de deux autres, dans l'une desquelles on a augmenté l'épaisseur des murs, de maniere qu'une des faces fut exactement dans la Méridien ; c'est dans celle-ci qu'on a placé un mural de 6 pieds de rayon, construit à Paris par *Canivet*, & que l'on en mettra un autre du côté du Nord. Au dessus des quatre pieces dont nous avons parlé commençoit une salle octogone d'environ trente-six pieds de diametre ; & comme cette figure procuroit quatre triangles au dehors, M. *Boscovich* en avoit choisi deux au Nord-Est & au Nord-Ouest, pour y élever deux tourelles de onze pieds de diametre, traverſées chacune par un des murs. de l'octogone, pour ſervir de baſe inébranlable aux inſtrumens qu'il avoit à y placer: dans l'une étoit la lunette méridienne & la lunette paralla-tique; dans l'autre un ſextant de ſix pieds de rayon, conſtruit également à Paris."

"Mais un des inſtrumens qu'il déſiroit le plus d'y placer étoit un quart de cercle azimutal, tournant ſur un cercle horizontal de dix pieds de diamétre, qui marqueroit les azimuts des aſtres, pendant que le quart de cercle en marqueroit les hauteurs. Ce genre d'inſtrument qui fut autrefois emploié par *Tychobrahé* & *Hévelius*, a été négligé depuis ce tems-là, quoiqu'il ſoit aujourd'hui très utile pour avoir des obſervations complettes en grand nombre, & pour trouver la hauteur du pôle, indépendamment des réfractions, de même que pour divers autres ouvrages dont le P. *Boſcovich* ſe propoſe de donner le détail, ainſi que des vérifications dont cet inſtrument eſt ſuſceptible.

Les deux tours dont nous avons parlé ſont dans la ſalle octogone, comme deux eſpeces de jubés ou de tribunes qui ſont à la hauteur de la corniche qui termine le premier ordre d'archi-tecture, en ſorte qu'elles ſe communiquent ſans embarras; elles s'élevent au-deſſus de la plate-forme ſupérieure de la terraſſe, d'où elles donnent la vûë de tout le Ciel, par le moïen de la fenêtre qui eſt dans un toît circulaire mobile. Dans un des deux autres triangles il y a un eſcalier pour monter à l'une des deux tours, qui a une communication intérieure avec l'autre : le quatrième triangle forme un Cabinet, la retraite de l'obſervateur. "

„Le ſallon octogone a, dans ſes ſix autres faces, autant de fenêtres, deux desquelles donnoient la ſortie à deux terraſſes des deux triangles, lesquels communiquoient avec les autres fenêtres par un balcon, & à l'eſcalier par lequel on montoit à cet étage, & de là ſur la platteforme ſupérieure. Il y a auſſi, dans un des deux triangles dont nous avons parlé, un petit eſcalier qui conduit immédiatement des chambres inférieures au grand ſallon, & ſe continue encore jusqu'aux tourelles. "

„On pouvoit placer dans ce ſallon, de même que dans les chambres inférieures, pluſieurs autres inſtrumens. Il avoit une forme très agréable & très commode pour obſerver au ſud-eſt & au ſud-oueſt; mais ces deux parties ont été maſquées par les *nouvelles tours qui ont été beaucoup de la commodité des obſervations & de la vüe de la platte-forme, où l'on ſe trouve maſqué par quatre tours aſſés larges. Auparavant l'on avoit dans chacune tout le méridien li-*

bre, depuis l'horizon du nord jusqu'à celui du midi; on ne perdoit qu'un peu du levant dans l'une, & un peu du couchant dans l'autre; maintenant aucune des quatre n'a le méridien entierement libre."

„On verra dans la description que nous promet le P. *Boscovich*, des idées d'une exécution heureuse dans différens instrumens, pour la maniere de faire tourner les toîts, d'appliquer un contrepoids à la lunette du mural, &c. Il a employé pour celle-ci, une courbe d'équilibre qui a du rapport avec celle des ponts-levis; mais qui est du huitieme degré, tandis que celle-ci n'est que du quatrieme. Un pilastre dans le milieu du sallon, qui servoit à soûtenir la platte-forme, servoit en même tems de support aux pendules; enfin, toutes les parties de cet observatoire sont disposées avec tant d'intelligence & de génie, que l'ouvrage qui en contiendra la description, ne pourra qu'être très utile aux astronomes. Il n'existoit point jusqu'ici d'Observatoire bâti avec tant d'art; parce que les grands architectes ne sont point astronomes, & que les astronomes ne sont point architectes; on peut néanmoins citer encore l'Observatoire qui vient d'être construit au College royal, sur les plans de Mr. *Challegrin*, & qui est très commode."

J'efpere que fi je n'ai point fait mention précedemment du quart de cercle mural dont il eft parlé dans ce qu'on vient de lire, on ne me fera pas le tort de croire que je n'ai pas vu cet inftrument, le plus important & le plus coûteux de tout l'Obfervatoire; je l'ai vu en effet & avec beaucoup de plaifir; j'ai été empreffé furtout d'examiner la nouvelle maniere dont la lunette eft retenue dans l'équilibre, en ayant déjà eu connoiffance auparavant, & pour en conferver le fouvenir plus exactement j'ai prié Mr. le Baron *de Cronthal* de m'en envoyer à loifir une Defcription par écrit, ce qu'il a eu la complaifance de faire, en l'accompagnant d'autres détails & de la figure de tout l'inftrument; on trouve déjà ce morceau dans nos Ephémérides de Berlin pour 1778, fuivi de quelques remarques de feu Mr. *Lambert* fur l'invention de Mr. l'A. *Bofcovich.* La lanterne pour éclairer les fils de la lunette fe meut verticalement au moyen d'une ficelle, le long d'un montant de bois, qui tourne fur un pivot, pour modérer ou augmenter la clarté.

Le fecond mural dont il eft fait mention dans le Journal des Sçavans, n'a pas été acquis encore, mais j'ai vu auffi un petit Quart-de-cercle mobile de 18 pouces de rayon.

Dans la même falle où eft le mural fe trouvent deux horloges exécutées par *Meghele*, dont
l'une qu'on dit très bonne, a un pendule compofé, de trois verges; & elle eft remarquable
encore par d'autres acceffories. Les horloges
de la grande falle font également à correction:
l'une, de *le Paute*, a un pendule compofé, où
l'on me dit que le cuivre compenfe un peu trop
à proportion. L'autre a la correction de *Har-
rifon*. Un des compteurs dot j'ai parlé a le pendule de Jonc des Indes.

J'ai remarqué au Barometre dont on fe fert
auprès du mural, que le mercure en montant
fait hauffer un petit poids & defcendre un contrepoids; celui-ci communique, avec l'aiguille
d'une rofette tracée en dehors de la caiffe, &
fur laquelle les variations fe marquent d'une façon très fenfible: cette conftruction de barometre n'eft, je crois, pas fort ordinaire, quoique connue.

Enfin j'ai vu dans le grand corridor une
longue méridienne qu'on dit très exacte, elle
eft tracée fimplement fur les carreaux qui forment le plancher.

J'ai eu occafion de nommer fouvent le Mécanicien de l'obfervatoire, le Sr. *Jofeph Meghele*; c'eft un Allemand, de la Baviere fi je ne
me trompe, ou du moins des environs de cette
pro-

par le volume de celles de 1778, que cet ar-
rangement a eu lieu: que Mrs. *Oriani* & *Allodi*
ont pris part aux calculs. Il se trouve même
aussi un bon mémoire du premier, *sur les inter-
polations des lieux de la Lune,* dans l'Appendice
au même volume. Ces Appendices, qui contien-
nent toujours des recueils d'observations & de
bons mémoires d'Astronomie pratique, sont presque toújours entierement l'ouvrage de Mr. l'Abbé *Reggio,* & lui font beaucoup d'honneur; à
côté de celà il observe lui - même fréquemment
& donne dans l'été, trois fois par semaine, des
leçons d'Optique, aux jeunes étudians dans les
écoles jointes à l'Observatoire. Mr. le Baron
de Cronthal, qui explique aux mêmes étudians
les Élémens des mathématiques pures, s'occupe
souvent des observations. Mr. l'Abbé *de Céfaris,* lui - même, malgré le travail dont il est chargé, est un des observateurs les plus assidus de cet
admirable établissement astronomique.

LETTRE XII.

de Parme, le 14. Mars 1775.

Monsieur,

J'ai quitté Milan, comme je Vous en ai prévenu dans ma derniere, le 6 de ce mois pour me rendre à Parme. Mr. *Rougier* avoit eu la bonté d'arrêter pour moi un *vetturino* sûr & avoit eu soin même que j'eusse pour compagnon de voyage un homme de mise & connu. Ces voituriers voyagent avec des chaises ouvertes par devant, à deux roues; ils font 4 à 5 miles d'Allemagne par jour & on me dit qu'on ne manque gueres dans les grandes villes de trouver un bon compagnon de voyage, qui sauve de l'ennui d'être seul & partage les fraix. On paye le plus communément ces voituriers, à raison d'un sequin (environ 1 Ducat) par jour. Cette façon de voyager sans prendre la poste est la même à peu près qu'en Provence, & je la trouve commode.

Je partis à 1 h. après-midi & je fus fort surpris, dès que je me trouvai avec mon compagnon de voyage, de l'entendre parler très bien l'allemand quoiqu'il fut Italien; plus agréablement surpris encore en apprenant qu'il avoit passé un an à Berlin en 1763 & 1764. C'étoit un jeune Comte *Diana Paleologo*, né à Massa en Toscane, & dont l'arbre généalogique, qu'à la vérité il n'a pas eu la vanité de me déployer, remonte aux illustres *Paléologues* grecs. Feue Madame la Margrave de *Bareith*, en passant par Massa, avoit logé chés son Pere, & trouvant ce fils fort aimable, Elle fit consentir le Pere à le Lui confier. Elle eut en effet soin de son éducation & le fit élever à sa cour; lorsque cette auguste Princesse mourût Mgr. son frere, le Prince *Henry*, prit le jeune homme auprès de Lui, en qualité de Gentilhomme de sa chambre; mais au bout d'un an, il ne lui refusa pas de satisfaire le désir qu'il avoit de retourner dans sa patrie; le Comte *Diane* y étant de retour, s'engagea au service militaire du Duc de Modene; il s'amusa — comme tant d'autres officiers tuent leur loisir, — & s'attira dans le cours de ses plaisirs la plus fâcheuse affaire qui puisse arriver à un homme d'honneur. Un rival qui avoit succombé auprès de sa belle, sous la figure séduisante & les manieres gracieu-

ses du Comte *Diane*, eût par vengeance la lâ-
chete de l'accufer du vol d'une boëte d'or; il
réuffit par un concours fingulier de circonftan-
ces, à donner un air de vraifemblance à cette
calomnie; il eût le crédit de faire enfermer le
Comte à la citadelle & la cruauté d'ufer encore
de ce même crédit, pour le faire traiter comme
un homme coupable d'un crime des plus atroces.
Il ne fut permis au Comte ni d'écrire ni de recevoir des lettres; on ne lui donna ni papier ni
encre; perfonne n'ofoit le voir; pendant 23
jours il n'eut pas la permiffion de fe faire rafer;
la feule reffource qu'il avoit dans cette trifte
fituation étoit la lecture du 4e vol. des Oeuvres
de *Voltaire*, qu'il fe trouvoit avoir dans fa poche lorfqu'il fut arrêté.   Enfin un avis noctur-
ne lui apprit qu'on travailloit à fon élargiffe-
ment, & à prouver fon innocence, & qu'on
étoit fur le point de pouvoir indiquer le vérita-
ble filou.   Bientôt enfuite, mais après une
captivité de plufieurs mois, l'affaire du Comte
prit une tournure entierement favorable, & il
venoit, lorfque je me fuis rencontré avec lui,
d'achever fa juftification pleiniere auprès du Duc
de Modene à Milan, où il avoit été reçu à la
Cour avec toutes les diftinctions & les marques
d'intérêt dues à fon infortune; il avoit été rétabli & avancé même dans les troupes du Duc,

mais je doute qu'il reſte à ce ſervice. Je trouve, au reſte, que malgré ce qu'il a ſouffert il en a été quitte encore à bon marché; peut-être n'aurois-je pu faire ce petit voyage avec lui ſi ſon aventure lui étoit arrivée dans certain pays où l'on a ſouvent, ſur de légers indices, roué, décapité, pendu, exilé, envoyé aux galeres, &c. des innocens, ſauf à réhabiliter leur mémoire après l'arrêt exécuté; — belle ſatisfaction!

Le Comte *Diane* m'a fait le plaiſir de me raconter cette hiſtoire effrayante & bien attachante, dans ſon bon langage toſcan, que je n'avois gueres entendu encore & elle a duré fort longtems à cauſe de tous les incidens étranges dont elle a été accompagnée & qui feroient la matiere de toute une brochure des plus intéreſſantes; moyennant cela une bonne partie du chemin s'eſt trouvée agréablement abrégée.

Au ſortir de Marignan nous paſſâmes le *Lambro* ſur un pont, auprès duquel cette riviere forme une belle caſcade à deux jets, chacun d'un ſeule nappe d'eau.

A 7 heures, & déjà dans l'obſcurité, nous arrivâmes à Lodi, à 20 miles d'Italie, de Milan; mais le voiturier nous fit loger dans une auberge hors de la ville, dans laquelle nous n'entrâmes pas même, en ſorte que je n'en puis rien dire. On nous donna pour ſouper l'éternel *fe-*

gato, fans la *cervella* cependant, mais en revanche plufieurs autres mets dont quelques uns étoient plus particulierement italiens ; des *polpette fafciate* efpece de riffoles, faites d'une farce de viande enveloppée dans des morceaux de la coeffe des boyaux ; de la *moftarda*, efpece de forte raifinée, de moûtarde ; du *peverone*, ou poivre d'efpagne confit dans du vinaigre, manger infernal par fa caufticité.

Le 7. Mars.

A 6 heures du matin nous repartîmes ; le brouillard qu'il faifoit fut fuivi d'un tems magnifique comme étoit auffi celui de hier.

A midi : paffé le Po dans un bac ; arrivée à *Plaifance*, un quart d'heure après. On vifita un peu nos mailes à la Douane & on nous munit d'un billet. Nous ne nous donnâmes le tems que de manger quelques œufs & de boire un coup d'un bon vin blanc doux, pour nous promener ; j'étois impatient de voir les fameufes ftatues équeftres fur la grande place ; ce font réellement des morceaux admirables ; la tête furtout d'*Alexandre Farnefe* ; j'aurois defiré feulement que la criniere du cheval fut moins choquante ; elle eft de beaucoup trop lourde.

Nous nous arretâmes longtems auffi dans la *Cathédrale*, où le riche autel de la Madonna

del Popolo, les belles tribunes sculptées & dorées; un nouvel autel avec un beau tableau de
Battoni, & quantité d'autres ouvrages de peinture & de sculpture méritent d'être vus.

La ville a quelques beaux édifices particuliers, entr'autres un nouveau palais que le Comte *del Verme*, vient de faire bâtir.

Nous nous remîmes en route à 3 heures;
à une $\frac{1}{4}$ lieue de la ville nous laissâmes à la droite une très grande & assés belle maison des Prêtres Missionnaires. Nous passâmes le *Nura*
sur un pont de 12 ou 13 arches, assés étroit
pour sa longueur; puis une autre riviere sur un
pont d'une seule & grande arche; encore deux
autres rivieres qui étoient à sec; enfin à côté
d'un grand pont, semblable à celui de la Nura,
la rivière de *Larda* qui étoit également à sec.

Vous aurés lu, Monsieur, que tous ces torrens (j'en citerai encore plusieurs) qui descendent
de l'Apennin, embarrassent souvent extremement les voyageurs, mais cet hyver il n'étoit
tombé que très peu de pluye, dans ces contrées;
je ne me rappelle pas d'avoir vu pleuvoir depuis
mon départ de Genes jusqu'à la veille de mon
départ de Milan.

A 7 heures nous atteignîmes Fiorenzuola,
où nous couchâmes dans une assés mauvaise
auberge hors de la ville; j'aurois donné volon-

tiers quelques plats du souper pour un meilleur lit. C'est un désagrément que l'on a ce semble avec les voituriers, en Italie, comme dans quelques autres pays, d'être conduits dans les auberges où il leur en coûte le moins, sans qu'ils s'embarassent de la commodité des voyageurs.

Le 8. Mars.

Départ à 5 heures. Passé un bras de la *Ricongina* sur un beau pont de pierre tout neuf, ensuite la rivière même, à gué, à côté d'un long pont de bois.

En traversant *Borgo*, nous remarquâmes différentes maisons bien bâties & de belles façades d'églises: en particulier celle de l'église & du college des Jésuites à l'extrémité méridionale de la ville. La Cathédrale est ancienne, bâtie presque toute en marbre, dans le goût grec du bas âge, & d'une architecture qui me plait; cette ville est la résidence d'une Princesse douairiere; de la veuve du dernier Farnese, Duc de Parme; elle est la sœur du Duc de Modene (*). Laissé à droite *Castel Guelfo*, ancien château appartenant à un Comte ou Marquis *Virgulini*, & traversé le *Taro* dans un bac. Ce torrent, lar-

L 5

(*) Cette Princesse est morte en 1777.

ge quelquefois d'une demi-lieue, ne l'étoit peut-être pas de 20 pas aujourd'hui & il paroissoit au lit que depuis longtems il n'y avoit eu beaucoup d'eau.   Avant que d'y arriver on remarque à la portée du mousquet une 10ᵉ de grands monceaux de pierre: ce sont des restes d'un vieux pont qui existoit dans le tems que le torrent avoit son cours par là.   Dans le large lit actuel se voyent aussi des ruines moins considérables d'un pont plus moderne.

Au sortir du Taro, nous enfilâmes une magnifique chaussée de gravier, bordée d'arbres & tirée au cordeau comme celles du Milanois. Elle est longue de près de deux lieues, mais elle fait une petite inflexion vers le milieu.   On a pour point de vue, au bout de cette allée, les deux tours de l'église des Minimes à Parme; mais on croit ne voir qu'une tour, parcequ'elle sont à côté l'une de l'autre, dans la même direction que l'allée.

Le Sol m'a paru beaucoup moins gras dans le Duché de Parme que dans le Milanois.   J'ai remarqué qu'on mettoit sur le dos des bœufs qui tiroient la charue, des couvertures blanches de cotton & qu'on attachoit ces bêtes, je crois par les narines, par lesquelles passe un anneau, à une longue piece de bois qui monte entre les deux têtes, en se courbant en arrière. J'ai vu aux femmes de la campagne les chapeaux dont Mr. l'Abbé *Richard* fait mention.

Nous arrivâmes à Parme vers midi & je traversai exactement toute la ville, dont le contour est à peu près circulaire, d'un $\frac{1}{4}$ de mille d'All. en diametre, jusqu'à la maison de M. *Daniel Maumari*, Banquier de la Cour & Agent de la Cour de Prusse à Parme; frere de M. *Maumari* à Genes. Ce galant homme, bienfaisant, bon pere & bon époux, a épousé ma cousine germaine, niece de mon Pere par un de ses frères, femme de beaucoup d'esprit & remplie d'excellentes qualités; c'est la personne que je Vous ai dit, Monsieur, que j'avois tant d'envie de revoir, & il m'en coûte de supprimer les expressions du plaisir que j'en ai ressenti & les détails de la bonne réception qu'on m'a faite. Vers le soir un des deux fils de M. *Maumari*, du premier lit, m'accompagna par la ville, que je n'ai pas trouvée autrement belle pour une des capitales de l'Italie; on peut à peine la comparer à une ville d'Allemagne du second rang.

J'ai porté une lettre de Mrs. *Reycends* à leur Correspondant, Mr. *Faure*, Libraire françois fort estimé, & chés lequel on rencontre fréquemment des gens de lettres, qui viennent faire la converſation dans ſa boutique (*); j'eus dès ce ſoir le plaiſir d'y faire la connoiſſance d'un des Savans les plus eſtimables de Parme, celle du Pere *Carminati*, Théatin, Profeſſeur de Métaphyſique à l'Univerſité, très verſé dans la Phyſique & dans les Mathématiques (**).

De chés M. *Faure* nous fimes une promenade à un Palais d'été du Duc, près de la ville, nommé *Palazzo Giardino*, d'un grand Jardin qui eſt auprès & que je parcourus; il eſt aſſés beau, orné de belles ſtatues & d'autres ouvrages de ſculpture; les plus beaux à mon avis ſont deux vaſes, une ſtatue du célébre poete

(*) Ce digne Libraire eſt mort l'année ſuivante; le jeune Comte *Cérati* a honoré ſa Mémoire par un poeme imprimé à Rome & adreſſé à l'Imprimeur Rl. *Bodoni* dont je parle plus bas. Ce Comte *Antoine Cerati* paſſe pour un des litterateurs des plus diſtingués de Parme. Il eſt neveu du célébre Prélat *Gaſpar Cerati* connu entr'autres par ſa correſpondance avec *Montesquieu* & mort en 1769. L'année paſſée 1778, le Comte *Antoine* a fait imprimer un éloge hiſtorique de ſon oncle, qu'on dit fort bien écrit. M. *Faure* me dit un jour que ce Gentilhomme travailloit à une hiſtoire politique de Parme, de laquelle on pouvoit ſe promettre beaucoup: mais que l'auteur balanceroit peut-être à la faire imprimer.

(**) J'ignore le nom de batéme du P. *Carminati*, c'eſt pourquoi je ſuis en doute s'il eſt l'auteur d'un ouvrage annoncé ſous le titre: *BASSIANO CARMINATO de animalium ex Mephitibus & noxiis halitibus interitu ejusque propioribus cauſis Litteræ III.* à Lodi 1777. peut-être ces lettres lui ſont elles ſeulement adreſſées.

Frugoni & un groupe de Bacchus & d'Ariad-
ne, le tout exécuté par *Boudard*, premier
Sculpteur de la Cour, mort depuis peu & qui
paroît avoir été un fort habile homme. J'ai
regretté de ne pouvoir approcher mieux de la sta-
tue de feu M. *Frugoni* & du groupe; ces morceaux se trouvant dans un enclos qu'on tient
fermé & dans lequel j'ai remarqué aussi un petit temple bàti à l'antique & en forme de ruines. J'ai vu encore dans ce Jardin un très vaste
bassin ovale avec une île en maçonnerie au milieu; son existence est antérieure à celle du Jardin actuel & il doit avoir servi pour des fêtes (*).
Le Palais même vient d'être reblanchi, & em-
belli aux croisées &c.; on bâtit aussi dans l'intérieur que je me suis réservé de voir une autrefois.

Le palais ordinaire du feu Duc de Parme,
qui faisoit partie de celui des *Farnèses*, édifice
immense & majestueux, mais point achevé, que
nous avons traversé, à été démoli entièrement;
on n'en voit plus que les fondemens. Le célé-

(*) En effet j'ai lu depuis, dans un ouvrage intitulé:
*Etat ancien & moderne des Duchés de Florence, de Par-
me &c.* Utrecht 1711, la description de très belles fêtes
données dans cet emplacement à l'occasion du mariage
d'un Prince *Edouard.* Ce livre en général est curieux
par plusieurs descriptions de ce genre & par quantité
d'anecdotes de quelques Cours d'Italie.

province, M. le **B.** de *Cronthal* l'a amené de Vienne; il n'avoit encore que 35 ans lorsque je l'ai vu & Mr. l'Abbé *de la Grange* avoit bien raifon de le nommer un *excellent artifte*, dans les Ephém. de Milan pour 1775, imprimées en 1774; ce qu'il ajoûte dans une note, mérite d'être généralement connu parmi les Aftronomes & les Amateurs qui cherchent à fe procurer des Inftrumens : „Son habileté (dit M. l'A. „*de la Grange*)*,* que nous avons eu tout le „tems de connoître depuis deux ans qu'il tra- „vaille pour nous, jointe à la bonté des ouvra- „ges qu'il nous a faits, méritoit bien qu'on lui „rendit cette juftice.   Sur la fin de l'année pro- „chaine 1775, il aura achevé la plûpart des „pieces que nous attendons de lui pour com- „pléter l'ameublement de cet obfervatoire. On „pourra alors s'adreffer à lui pour toutes fortes „d'inftrumens d'Aftronomie, de Mécanique & „furtout pour les horloges à pendule & autres. „Nous ne doutons point qu'on n'ait lieu d'être „content de fes fervices autant que nous le fom- „mes nous - mêmes, fans compter la fatisfaction „qu'on aura d'ailleurs en voyant qu'il ne les fait „pas payer trop cher."

Lorsque j'ai paffé par Milan, on fongeoit déjà à donner à M. l'Abbé *de Céfaris* deux aides pour le travail pénible des Ephémérides, je vois

bre Marquis de *Felino*, Miniftre du Duc, fe propofoit de le faire rebâtir avec beaucoup de magnificence; mais les miniftres qui lui ont fuccédé n'ont pas jugé à propos de pourfuivre ce projet, enforte que le Duc régnant eft affés mal logé en ville, aujourd'hui; fon palais, fitué près de l'ancien, ne confifte qu'en deux ou trois belles maifons particulieres qu'on a jointes enfemble, & embellies d'une façade commune auffi-bien qu'on a pu fans y mettre trop d'argent.

Avant de retourner au logis; nous nous fommes promenés au *Stradone*, promenade publique des plus agréables; c'eft une très longue efplanade, qui a la vue fur la campagne au midi; il eft domage que les peupliers d'Italie qu'on y a plantés & qui font repréfentés comme de grands arbres, fur le plan de Parme de M. *de la Lande*, ne foyent pas venus.

Au bas du *Stradone* vers le Nord eft un Jardin botanique, planté fous les aufpices du Marquis de *Félino*, mais qui retombera probablement en décadence, n'y ayant gueres de fonds pour l'entretenir.

La belle allée dont je viens de parler n'eft pas le cours proprement; car à Parme comme à Milan le cours ordinaire eft la plus grande rue, nommée auffi la *Strada grande*, & qui conduit à la porte de Modene & au Stradone. Au bout de cette rue eſt un fort beau palais, nouvellement bâti par M. G. noble Génois, qui s'eſt épuiſé à le bâtir & en a emporté les meubles par précaution, en allant jouir à Genes d'un répit de 5 ans, après lesquels il s'eſt engagé de ſatisfaire ſes créanciers.

J'ai cherché dès aujourd'hui à me procurer un plan de Parme portatif: mais inutilement: M. *de la Lande* a eu le deſſin de celui qu'il a mis dans ſon recueil de plans, d'un habile Ingénieur dont il a fait ici la connoiſſance, & qui ſe propoſe d'en publier bientôt un lui-même.

Le 9. Mars.

J'ai fait ce matin un grand tour avec M. *Maumari* le Pere, pour voir les plus belles égliſes: la *Cathédrale*, la *Steccata*, les égliſes de S. *Jean* & du *St. Sepulcre*, ſont fameuſes par les chefs-d'œuvres du *Correge* & du *Parmeſan* qu'elles renferment; je m'y ſuis déleſté véritablement, avec mon *Cochin* à la main, ſur lequel je n'ai pas laiſſé de trouver quelques rémarques à noter.

Je vis auſſi S. *Antonio*, égliſe toute neuve, achevée ſeulement depuis 3 ans. Son contour aſſés ſemblable à celui de *la Steccata*, eſt entierement curviligne, compoſé de deux arcs de cercle aux extrémités & de deux arcs elliptiques aux côtés. Ces 4 arcs ou ronds-points forment quatre angles rentrans, dans l'églife, & à chaque angle·eft une ftatue. L'églife eft ornée auffi de quelques bons tableaux modernes & de dorures légeres & de bon goût. Sa voûte eft finguliere; elle eft peinte en grifaille, mais percée à jour, de façon qu'on voit à travers encore une coupole, peinte également à fresque, mais en couleurs.

M. M. me mena enfuite dans la falle de l'Académie des Beaux-arts, dans le palais Farnefe, qu'on nomme ici *la Pilota.* J'y vis quantité d'antiquités tirées de Velleja, entr'autres un beau bufte, bien confervé, de *Vitellius.* Au fond de la Salle, fous un Dais, fe voit le portrait de l'Infant Duc regnant. Aux deux côtés les buftes de feu fon Pere, l'infant Don *Philippe,* & de feue fa fœur, la Reine des Romains, exécutés en marbre par *Boudard,* très beaux & qu'on dit fort reffemblans. Au deffus du fecond eft un tableau en paftel, peint par cette Princeffe, & qui feroit honneur à un bon peintre de Profeffion; je paffe fous filence quelques autres ftatues & buftes modernes; mais ne vous dirai-je rien du fameux Tableau du *Correge,* qu'on nomme la Madonne au St. Jérome, qui fe conferve aujourd'hui dans la même falle? je l'ai vu; je l'ai confidéré longtems; je l'ai admiré

comme

comme il le mérite; il vaudroit la peine de faire un voyage de 100 lieues pour voir ce chef-
d'œuvre, dont les connoiſſeurs, en le décrivant
en termes de l'art, me diſpenſent de rien dire de plus; mais une choſe qu'il faut que je
Vous demande: — avés Vous entendu dire que
le Roi ait offert 25000 Ducats de ce tableau?
celui qui me l'a montré me l'aſſûre; ce feroit
une preuve remarquable de l'intérêt que le Mrs.
de *Félino,* prenoit aux beaux-arts & à la gloire de l'état, que d'avoir refuſé une offre ſi conſidérable (*).

Vis à vis du *Correge,* lequel eſt renfermé
ſous la clef, dans une eſpece d'armoire à deux
portes, eſt un autre morceau de peinture admirable; un des plus tableaux du *Schidone* que
j'aye vus.

Dans les ſalles attenantes à la grande ſalle
& dont l'une en eſt l'antichambre, ſe trouvent
encore de beaux morceaux de ſculpture, de peinture & principalement de gravûre, les uns envoyés ou donnés en préſent à l'Académie, d'autres faits pour la réception dans ce corps; entr'autres un grand tableau d'Hercule & d'An-

(*) Un Négociant de Turin m'a dit depuis avoir eu en effet la commiſſion d'achêter ce tableau pour le Roi, mais
de n'en donner que jusqu'à 18000 Ducats; c'eſt toûjours beaucoup.

thée, par le Peintre de la Cour, Mr. *Joseph Baldrighi*, & un grand bas-relief de Mr. *Guiard*, fucceffeur de *Boudard* dans la place de Sculpteur de la Cour (*).

Il fallut quitter cette belle collection, où j'efpere bien de retourner, pour ne pas laiffer refroidir le dîner; après lequel je vis la grande filature, ou comme on dit ici, *filanderie*, de M. *Maumari;* on y dévide la foie, des co-

(*) Un ouvrage de 10 volumes tel que les mémoires fecrets de *Bachaumont* ne fe trouvant probablement pas entre les mains de beaucoup de mes lecteurs; il me fera permis d'en tirer le paffage curieux qui fuit: du 29. Janvier 1758. „Il eft arrivé récemment de Rome (à Pa„ris) un artifte fur lequel on fonde les plus grandes efpé„rances. C'eft le Sr. *Guyard*, Sculpteur, l'éleve de „*Bouchardon*, & qui dès le tems qu'il fut queftion de „la ftatue du Roi avoit fait un modele fupérieur à celui „de fon maître. La menace que lui fit M. *de Marigny* „de ne le point laiffer aller à Rome s'il ne brifoit fon „ouvrage a fait perdre ce morceau. On lui offrit en „dédommagement une gratification de 7000 livres, qu'il „refufa. L'Apollon qu'il a fait pour M. *Bouret*, & „qu'on voit à Croix-fontaine, eft un garant de fon ta„lent. Le Sr. *Guyard* eft un homme ruftre, fans édu„cation, ne connoiffant d'autre livre qu'une mauvaife „traduction d'*Homere;* mais d'un génie chaud, ardent „& d'une ame fiere & inflexible. Ses deffins ont autant „de force que de fageffe. Un Anglois lui ayant offert „à Rome 15000 livres de la figure d'Apollon, que M. „*Bouret* n'a payé que 6000 livres, il refufa, & ce „trait eft une preuve de fa façon de penfer honnête & „grande."

cons, dans 100 chaudrons pour lesquels il y a 50 fourneaux, féparés les uns des autres, fur deux files. Le fourneau dans lequel on fait périr les chryfalides, eft fort grand & contient au-deffus du foyer, une machine qu'on me dit être d'une invention particuliere; il faut Vous figurer un montant de bois qui peut tourner fur un pivot, & qui forme l'axe de plufieurs roues, à 8 rayons; on remplit les efpaces triangulaires que laiffent ces rayons, par autant de corbeilles de la même forme, remplies de cocons; on peut faire fécher en 5 heures de tems 4500 *Sachets* de cocons.

Je fus appellé pour recevoir la vifite, déjà la feconde, de l'aimable P. *Carminati;* après laquelle je fis une promenade en chaife avec M. *Maumari,* aux environs de la ville, fur le chemin de Mantoue & de Colorno; ils me parûrent un peu nuds & uniformes.

Je paffai quelque tems encore à parcourir des livres dans la boutique de M. *Faure;* entr'autres la Perfpective de M. *Petitot,* Architecte de la Cour & qui a fait le plan du Jardin du *Palazzo Giardino;* cet ouvrage eft imprimé à Parme en 1768. — Les *Opufcula Mathematica* de l'Abbé *Giannini,* Florentin, Parme 1773. 8vo; ils roulent fur l'hydraulique, fur la cycloïde &c.; l'auteur a quitté Parme pour remplir une place de Profeſſeur à Madrid. Je parcourus auſſi le 2ᵈ Volume de la *Scelta d'opuſcoli intereſſanti* de Milan, ouvrage périodique qui a ſuccédé à celui qui avoit pour titre *le Caffé,* mais auquel ne travaillent que 3 perſonnes; je trouvai avec plaiſir dans ce volume des ouvrages de deux de mes plus eſtimables Confreres: le mémoire de M. *Béguelin* ſur la façon de faire couver les œufs dans des fours & celui de M. *Lambert,* ſur les changemens de notre globe.

Le 10. Mars.

Le P. *Carminati* me mena ce matin chés le P. *Bina,* Bénédiⅽtin & Prof. de Phyſique expérimentale; autre réligieux très poli & de beaucoup de ſavoir, qui a même le mérite, rare en Italie, de parler un peu l'allemand & d'avoir fait l'honneur à un livre allemand de le traduire: c'eſt la Phyſique de *Wolf;* j'ai vu auſſi de lui un mémoire qui a remporté un prix, ſur les moyens d'empêcher les eaux de ruiner les digues; & il doit avoir publié encore d'autres brochures; ſa bibliotheque eſt très bien fournie de livres de mathématiques.

Le couvent où loge le P. *Bina* eſt un très bel édifice, bâti en croix, avec de belles cours à portiques. Je vis dans le grand réfeⅽtoire, une perſpeⅽtive peinte par le *Correge,* qui fait voir qu'il étoit grand maître auſſi dans ce genre.

Les deux complaifans Profeffeurs me menerent enfuite à l'Univerfité, où quelques uns de
leurs collegues demeurent & où font les écoles;
ce bâtiment eft le grand college qu'habitoient
les Jéfuites; il eft grand & très majeftueux.
Nous entrâmes d'abord dans l'églife, dite de *S.
Roc;* d'une Architecture fort noble, de même
que le goût des décorations; elle eft toute en
blanc, excepté les tribunes, qui font blanc & or,
& l'autel, doré entierement.

On a fait dans ce College plufieurs changemens, en y tranfportant les écoles de l'Univerfité, il y a quelques années. On y a bâti un
grand laboratoire de Chymie qui m'a paru bien
fourni & conftruit avec intelligence; à côté eft
la falle où le Comte *Camuti* donnera fes leçons;
il n'a pas commencé encore, étant premier Médecin de la Cour, fort occupé par la pratique.
Les falles d'Anatomie & de Phyfique font neu-
ves également; toutes les trois font peintes avec
goût & garnies de *théatres:* c'eft à dire, de bancs
rangés par gradins en amphithéatre.

La falle de Phyfique, dans laquelle le P.
Bina donne chaque Été 24 leçons & acheve
le cours en 3 ans, eft très bien fournie. La plûpart des inftrumens font faits fuivant les principes de l'Abbé *Nollet,* par le Sr. *Préti,* habile
Mécanicien. La machine électrique porte un

disque de verre, d'une grande force, & on y a appliqué différentes inventions nouvelles; quelquefois on fubftitue un disque de carton enduit avec de l'huile de lin, à celui de verre, & on m'a dit qu'il faifoit affés d'effet. On m'a montré une pompe décrite par *Mufchenbroeck*, qui a donné au P. *Bina*, l'idée d'une nouvelle machine pneumatique.

. Il y a dans cette falle un vieux quart-de-cercle, fans pied, de 30 pouces de rayon, fur le modele duquel Mr. *Preti* en a conftruit un très

beau, du même ra-
yon, & qu'on conſer-
ve auſſi dans cette ſal-
le. Le pied eſt de bois
de noyer, à 4 bras;
la tige eſt formée en
T & tourne dans l'in-
térieur d'un cercle
qui n'eſt pas gradué
& qui repoſe ſur 4
montans. Le quart-
de-cercle, à peu près
de la forme ci-jointe,
eſt fixé à la tige du T,
à laquelle tiennent
auſſi deux branches
ab & *de*, dont la

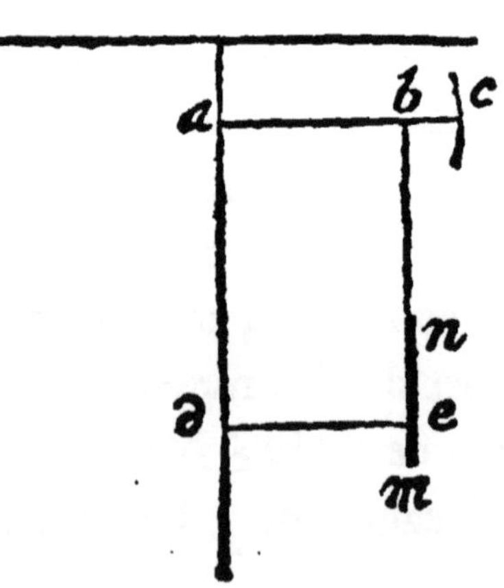

premiere eſt terminée par un arc de cercle *c* qui s'applique au limbe du cercle que j'ai repréſenté dans l'intérieur du quart-de-cercle, & contre lequel on peut faire mouvoir celui-ci ou l'arrêter; ces mouvemens peuvent auſſi être rendus lents au moyen d'une vis *m n* qui paſſe par l'extrémité de l'autre branche *d e*. Le limbe eſt à transverſales & tout l'inſtrument eſt très beau; mais la matiere du pied peut donner lieu à des objections.

De deux horloges aſtronomiques qui ſe trouvent dans la même ſalle, toutes deux à verge ſimple, l'une ne laiſſe pas d'être une piece très précieuſe, étant l'ouvrage de *Julien le Roi*.

On m'a parlé d'une petite méridienne qui doit ſe trouver dans le college; je ne l'ai pas vue. Au deſſus du College, & fort haut, ſe voit l'Obſervatoire, en forme de tour octogone, bâti par le célebre Pere *Belgrado*, retiré aujourd'hui à Udine ſa patrie. Mr. *de la Lande*, parle de cet Obſervatoire dans ſon voy. T. I. p. 470. je n'ai pu y monter aujourd'hui; on le dit d'ailleurs dégarni d'inſtrumens.

Le *Jardin botanique*, que je vis enſuite & que j'ai déjà dit être ſitué au bas du Stradone, eſt vaſte, orné de belles ſerres, mais ſans fourneaux & ce qui pis eſt, ſans fonds ſuffiſans pour l'entretenir, comme j'ai déjà dit & ce qu'on m'a confirmé.

L'*Univerfité* dont je viens de parler compte environ 400 Etudians & donne les degrés.

Le *College des Nobles*, auquel on me mena encore ce matin, eft un autre établiffement pour l'éducation, qui fleuriffoit beaucoup fous le gouvernement des *Farnefes ;* on y comptoit alors au-delà de 500 jeunes gens ; aujourd'hui il n'y en a qu'une cinquantaine. Le bâtiment eft fort vafte. J'y vis deux falles pour les fpectacles ; l'une eft très profonde, avec 2 ou 3 galleries ou rangs de loges. — L'Apothicairerie du College eft très belle. — J'ai remarqué au fortir du Réfeaoire, au bout du corridor, une perfpeaive en peinture, dont l'illufion eft frappante. — Ce College, dirigé ci-devant par les Jéfuites, l'éft à préfent par des Prêtres.

J'ai accompagné, pour une demi-heure le P. *Carminati* chés lui ; je l'ai trouvé fort agréablement logé dans fon couvent, & fourni de beaucoup de bons livres de Philofophie, de Phyfique & de Mathématique françois.

Après midi je fis une vifite à M. *Mathé* dont je vous parlerai encore dans la fuite, & je paffai plus d'une heure bien agréablement à la citadelle, chés le Comte de la *Torre-Rezzonico ,* fils du célebre commentateur de *Pline.*

Ce Gentilhomme, tout à fait aimable par
sa figure & par ses manieres, est sécrétaire per-
pétuel de l'Academie des Beaux-Arts & en est
l'ame & le soûtien par son activité & par son zèle pour ce bel établissement.   Avec cela il a des
connoiffances très peu communes dans les sciences abstraites; il posséde plusieurs langues mortes & vivantes & il passe pour un des meilleurs
Poëtes Italiens d'aujourd'hui; ses ouvrages, peu
volumineux mais d'autant meilleurs & pleins de
goût (*), suffisent pour prouver une grande
partie de ce que je viéns de dire de lui.   Le
Comte s'est fait peindre lisant la lettre très gra-
cieuse que le Roi écrivit à son Pere, il y a deux
ans, en l'agrégeant à notre académie; ce tableau, indépendamment d'une fingularité qui
nous fait honneur, est très beau par l'exécution.
J'ai oublié de demander le nom du Peintre;
peut-être est ce *Buffoni*, actuellement à Rome,
duquel j'ai vu chés le Comte plusieurs autres
beaux portraits.   Je me fuis beaucoup plu à
voir sa collection choisie de livres & d'estampes;
il a une quantité d'éditions rares d'auteurs claf-
fiques Latins, Italiens, Anglois &c. & d'ouvrages ornés de gravûres; j'ai feuilleté entr'au-

M 5

(*) v. *Zufatze* T. I, p. 114.

tres un superbe ouvrage qui représente les fêtes données à l'occasion des nôces de l'Infant & les échantillons d'un ouvrage non moins beau & dans le même goût, pour le mariage du Prince de Piémont; le Comte est un des quatre entrepreneurs de cet ouvrage. La Citadelle est bâtie à ce qu'on m'a dit sur le modele de celle d'Anvers; la Place au milieu est fort grande. Les troupes de Parme sont très belles, surtout les gardes Wallonnes; on a fait une réforme dans le militaire, en combinant le Régiment de Parme avec celui de Plaisance, & j'ai entendu dire qu'on songe à pousser cette réforme encore plus loin.

Revenu en ville, j'allai à la Bibliotheque Royale, dont l'entrée est vis à vis de celle de l'Académie, à la Pilote, & que l'Infant a rendue publique il y a quelques années. Elle est déjà très confidérable quoique fondée depuis peu de tems: de 50000 volumes, à ce qu'on m'a dit, tous très bien reliés. Le vaisseau principal est une longue gallerie boisée & fort ornée; à côté, à droite, sont encore deux chambres pour les livres rares & pour les manuscrits, & la place commençant à manquer, on va accommoder encore une autre gallerie qui fera équerre à gauche avec la premiere, & où l'on mettre principalement des livres hérités des Jé-

ſuites, qu'on a gardés (car beaucoup ont été ven-
dus) & qui ne ſont pas encore rangés (*).

Je revins à la maiſon par les Remparts,
promenade agréable & permiſe.

Le 11. Mars.

Une mauvaiſe nuit & un vilain tems ce matin, me firent garder la chambre jusqu'après
midi. Pour remplir ce vuide dans mon Journal je me ſuis informé des prix actuels de divers
comeſtibles.

Il faut ſavoir d'abord que les Louis neufs
ont cours ici; qu'ils valent ſuivent le tarif du
Prince 95 livres de Parme, mais qu'on les paſſe
dans le commerce ordinaire à raiſon de 96 juſqu'à 97 livres: ainſi une livre de Parme ne vaut
que 1 gros 8 fenins, de nôtre monnoie, & un
Sol, la 20e partie de la Livre, fait exactement
1 fennin.

Le *Staro* (à peu près $\frac{4}{5}$ de Quintal) de blé
a coûté, il y a quelque tems, jusqu'à 50 Liv. de
Parme, actuellement il en coûte 44.

1 Liv. (de 12 Onces) de Bœuf, coûte 28
Sous de Parme.

(*) Je parlerai de cette Bibliotheque encore dans la ſuite; mais on fera bien ſurtout de conſulter le *Fragment
d'une lettre de D. PLACIDE FRÉDÉRIC, Béné-
dictin, au Chanoine BANDINI*: morceau intéreſſant
inſéré dans la Gazette litt. de l'Eur. Oct. 1777.

1 Liv. de Veau coûte — 15 à 18 Sous.
1 Liv. de Mouton — 12 Sous.

La Venaison & la Volaille sont à bon marché ici :

Deux Coqs d'Inde (on les achète par paires, comme des poulets), coûtent 6 Livres.

Un Lieure, 5 Livres.
Deux Grives, 30 Sous.

La Livre de Brochet, 15 jusqu'à 30 Sous, suivant la Saison.

La Livre d'Huile fine, 3 Livres.

Celle de Beurre, en été 1 L. 4 S. en hyver 1 Liv. 12 Sous.

La Livre de pâtes ou Macaroni de Genes, 1 Liv. 8 Sous.

La Livre de Chandelle, 1 Liv. 8 à 10 Sous.

Après le dîner, je me rendis à l'Académie, où le Comte *Rezzonico* m'attendoit pour me faire voir la grande table de bronze dont M. *de la Lande* parle T. I. p. 507): une des antiquités les plus curieuses de ce genre en Italie. Elle se conserve dans l'antichambre de la grande Salle. Je m'amusai aussi à examiner, piece par piece, les estampes de la Gallerie de Versailles qui tapissent la même antichambre, mais surtout je recontemplai à loisir le Tableau du *Correge*.

J'ai paſſé auſſi une heure à lire dans la Bibliotheque, enfin j'ai fait en voiture le tour de la Citadelle avec M. *Maumari.*

Le 12. Mars.

Mon Journal fera ſec & court encore aujourd'hui. Peu ſatisfait de ma ſanté, je fis une promenade à cheval, le matin, avec un des fils de M. M. ſur le chemin de Reggio, & en voiture l'après dîner avec le Pere & ma Couſine; je n'ai point remarqué de belles maiſons de Campagne; & un grand inconvénient des promenades aux environs de Parme eſt, qu'à cauſe de la quantité des Torrens, on eſt obligé presque conſtamment de revenir par les mêmes chemins.

Les manteaux de drap, comme Vous ſavés ſans doute, ſont fort en uſage en Italie; ici on les porte presque généralement d'écarlate.

Le 13. Mars.

Fait un tour inutile à la Citadelle, où j'eſpérois de faire ma Cour au Comte *Rezzonico* le Pere, & voir ſon beau Cabinet de Médailles; mais il ſe trouva indiſpoſé. Retourné à la Bibliotheque, où j'ai fait aujourd'hui ſeulement la connoiſſance du premier Bibliothécaire, Mr. l'Abbé *Schenoni;* il parle aſſés bien l'allemand & fait venir les gazettes littéraires de Göttingue

& d'Augsbourg; en m'en donnant un paquet à parcourir, il me fit rompre un jeûne littéraire, qui m'avoit beaucoup peiné. Ie fus obligé de remettre encore à un autre jour à voir les curiosités de la Bibliotheque; il y faisoit trop froid pour moi aujourd'hui. M. *Faure*, chés qui je passai, m'en dédommagea un peu par une curiosité typographique très remarquable qu'il me montra; c'étoient des échantillons d'impression en 20 langues exotiques différentes: l'armenienne, la sanscritaine, *l'allemande* &c. imprimés avec beaucoup d'élégance à l'Imprimerie du Duc, (qu'on nomme *Royale*, comme la Bibliotheque) & présentés à S. A. R. en un petit volume, à l'occasion des premieres couches de l'Infante.

Je vis ensuite l'église de l'*Annunziata*, remarquable entr'autres par son architecture. Elle forme une grande ovale avec une seule voûte; le maître-autel est vis à vis de l'entrée principale, dans la direction du petit axe, & de chaque côté entre cet autel & cette entrée sont cinq petites chapelles voûtées, à côté l'une de l'autre, sur le contour elliptique. A ces chapelles près, l'intérieur de l'église ressemble beaucoup à celui de notre majestueuse église de St. *Pierre*, à Berlin.

Revenu à la maiſon, je trouvai une ſeconde occaſion de parler l'Allemand ſans m'y être attendu; c'eſt à dire avec deux Capucins de *Steinbach*, dont l'un eſt Confeſſeur de Mad. l'Archiducheſſe Infante.

Mr. *Maumari* me mena après midi chés Mr. le Comte de *Flavigni* Miniſtre de France, qui me reçut avec la politeſſe ordinaire de ſa Nation, & où je fis la connoiſſance du Comte *Camuti*, premier Médecin de la Cour que je Vous ai déjà nommé, & celle des Comteſſes de *Flavigni* & *Camuti*.

De-là nous allâmes voir le fameux théatre duquel d'autres voyageurs ne m'ont plus rien laiſſé à dire: l'entrée eſt à la Pilote, vis à vis du grand eſcalier au bout duquel on entre: à la droite dans la Bibliotheque, à la gauche dans les appartemens de l'Académie. Il eſt dommage qu'on n'entretienne pas ce bâtiment, qui feroit toûjours honneur à la ville, comme unique dans ſon genre & très noble. Bientôt ce ne ſera plus qu'un garde-meuble; déjà on y a mis un grand modele d'une égliſe que le Duc vouloit faire bâtir à Colorno, projet qui n'a pas eu lieu. Ce modele eſt très joli & mérite d'être vu. On conſerve encore une des barques qui ſervoient aux Naumachies données autrefois dans cette grande ſalle.

A côté eſt une ſalle de ſpectacle beaucoup plus petite; bâtie à peu près dans le même goût. Des particuliers y ont repréſenté quelquefois des pieces en Société; mais il ne ſert pas pour le grand Opéra ni pour aucun ſpectacle public.

Au retour je vis encore les belles écuries de la Cour; Mr. *de la Lande* en parle (T. I. p. 462.) & ajoûte qu'après la mort du Duc précédent les nombreux équipages de chaſſe &c. ont été totalement réformés; ſurquoi il eſt à obſerver que Mad. l'Infante d'aujourd'hui, aimant beaucoup les chevaux & la chaſſe, cette réforme n'a pas ſubſiſté longtems, du moins en ſon entier (*).

Je vais profiter, Monſieur, de l'occaſion qui ſe préſente de Vous envoyer cette lettre; mais Vous en recevrés encore une de Parme; on ne veut pas que je parte encore & on me fait eſpérer de voir encore bien des choſes dignes d'attention. Après cela, je ne Vous en ferai pas myſtere, je prends la route de Rome.

Je

(*) Quelqu'un de la Cour à Berlin a voulu me perſuader que l'Infant défunt n'étoit pas mort de la petite verole comme on l'a débité; qu'il avoit été déchiré par ſes propres chiens à la chaſſe. Si c'eſt une fable, ce n'eſt qu'un léger rendu pour tous les contes abſurdes qu'on débite au midi de l'Europe ſur les Princes du Nord; ſi le fait eſt vrai, ce ſera le cent & unieme motif qui devroit engager les Souverains à vaincre leur paſſion pour la chaſſe.

Je me fuis fait fur cette réfolution bien des objections que Vous pouvés déviner, & que d'autres côtés auffi on ne m'a pas épargnées; mais que de regrets n'aurois-je pas, retourné au fond de l'Allemagne, d'avoir été fi près du centre où rendent tous ceux qui aiment le beau & le grand, & d'avoir négligé, probablement pour toûjours, l'occafion de me préparer les fouvenirs les plus agréables; convenés, Monfieur, que ce feroit faire la plus haute folie.

Je fuis &c.

LETTRE XIII.

à Parme. le 22. Mars 1775.

Monsieur,

Je continue ma lettre du 14 dernier en Vous rendant compte de mes courses du même jour.

J'eus le tems ce matin, après ma lettre expédiée, de voir encore quelques églises : *S. Vital;* les *Carmes* & *S. André;* dans cette derniere un tableau du *Spagnolet* m'a beaucoup frappé; le sujet est S. Martin, sur un cheval blanc, partageant son manteau. Je suis fort de l'avis de Mr. *Cochin* sur le tableau de *Ricci* à S. Vital; l'effet en est si mauvais qu'il ne mérite gueres d'être vu que pour sa singularité; le tableau du même maître aux Carmes, est beaucoup meilleur, & il est dommage qu'il noircisse. Je revis aussi avec un nouveau plaisir le *Moïse* du *Parmesan*, peint à fresque & en grisaille sous une arcade dans la *Steccata* & le même jour j'ai trouvé une très-belle estampe de ce précieux morceau, gravée par *Cunégo*, dans un nouveau recueil magnifique, fait par *Gavin Hamilton* à Rome.

Après une promenade en chaife par les champs & quelques courfes en ville, j'allai ce foir, avec Mr. *Faure* l'ainé (*), chés Mr. *Boffi*, un galanthomme, habile Deffinateur, Graveur & Stuccateur, & même bon peintre. Il parle fort bien l'Allemand, ayant paffé 10 ans à la Cour de Saxe. C'eft un homme très laborieux; il a eu beaucoup de part aux beaux ouvrages ornés d'eftampes, entrepris ces dernieres années à Parme; il a fait de charmantes vignettes, culs de lampes &c. pour les ouvrages du Comte *Rezzonico* & d'autres; & il a publié féparément des œuvres entieres de fa façon; par ex. j'avois déja vu chés le Comte un recueil de deffins du *Parmefan* que Mr. *Boffi* a gravés; chés lui-même je vis un recueil de têtes de caricatures, qu'il avoit deffinées fuivant les principes d'*Albert Durer*; de plus: les deux éditions d'une autre *Raccolta di tefte* dont Mr. *Boffi* avoit publié la premiere étant encore à Dresde; la feconde en Italie & après avoir retouché les planches.

Cet habile artifte a auffi une belle collection, de deffins, de plâtres, d'eftampes &c. faites par

N 2

(*) J'ai oublié de prévenir qu'il y avoit deux Meffieurs *Faure*.

d'autres artiftes; il me montra, entre beaucoup d'autres chofes, *Le arti di Bologna, originali di ANNIBALE CARACCI* &c. 80 eftampes très plaifantes faites fur les deffins d'*Annibal Carrache*, & l'ouvrage dont j'ai fait mention plus haut, publié à Rome, en 1773, par le peintre *Gavin Hamilton*, fous le titre de *Schola Italica picturæ*; ce font des eftampes gr. in folio, gravées d'après les meilleurs tableaux des meilleurs peintres Italiens, par quelques uns des meilleurs graveurs d'aujourd'hui, tels que *Volpati, Cunego, Tinti* & d'autres; j'ai parcouru ce fuperbe recueil avec raviffement, & je fouhaite bien d'en voir la fuite.

Le 15. Mars.

J'ai traverfé ce matin la ville, jusqu'à la porte par laquelle j'y étois entré, & j'ai vu quelques églifes dans ce quartier là; entr'autres celle de Ste. Croix qu'on tendoit en Damas, pour une fête le Dimanche prochain; & l'églife de *S. François de Paule* qui eft celle des Minimes; j'ai déjà fait mention de fes deux tours qui ornent la ville de loin; fa façade eft un ornement pour la rue. J'ai remarqué dans la premiere chapelle à droite un Chrift mourant fur la croix, très cadavereux, qui faifoit contrafte avec le tableau vis à vis dans la 1e. chapelle à gauche,

car celui-ci, outre qu'il eſt aſſés brillant de couleurs, repréſente une Annonciation, où les attitudes de la Vierge & de l'Ange, & les régards
de celui-ci, m'ont paru rendre ce tableau un peu
indécent.

Au retour j'entrai dans l'égliſe de *S. Paul*
qui joint le palais de l'Infant par une gallerie &
ſert de chapelle à la Cour. J'y entendis un fort
bon ſermon ſur le devoir de garder le ſecret,
prononcé par un Capucin en préſence de l'Infant.
On va orner cette égliſe d'un bel autel neuf; je
voudrois qu'on changeât auſſi le cadre du tableau gâté de *Raphaël,* au deſſus du maître-autel & dont M. de LL. fait mention; on ne peut
rien voir de plus mauvais goût.

Après le dîner, Mr. *Maumari* me mena
chés Mr. *Poncet,* Ebéniſte de la Cour, qui me
fit voir dans deux ſalles de la Pilote, de beaux
& grands modeles de fortification qu'on avoit
fait venir de France pour l'inſtruction de Mgr.
l'Infant, dans le tems qu'il faiſoit ſes études.
L'une de ces ſalles contient 9 modeles; ſavoir,
du quarré, du pentagone, de l'héxagone & ainſi
de ſuite jusqu'au dodécagone. Le côté du
quarré qui circonſcriroit ces modeles, peut
avoir 3 pieds. L'autre ſalle eſt remplie presqu'entierement par un grand modele d'une place fortifiée, attaquée par des trouppes qui ont

formé trois paralleles.   Il y a un grand nombre de pieces qu'on peut fubftituer les unes aux autres fuivant les différens changemens qui peuvent arriver pendant le fiege.   Ce grand modele n'étoit pas tout à fait en ordre, mais j'ai vu enfuite dans une falle du Palais *du Jardin* où Mr. *Poncet* nous a menés, un modele pareil repréfentant une place forte, entourée de deux paralleles & qui fe défend; c'eft à dire qu'on fait voir au moyen de ce modele & des pieces détachées qui y appartiennent, tous les changemens que les affiégés peuvent caufer dans les ouvrages des affiégeans pendant 26 jours de fiege.   Le nombre de ces pieces amovibles paffe les 150.   Tous ces modeles font très jolis; ils imitent fort bien la nature & doivent avoir beaucoup coûté; les arbres font de foie; les prés, les champs &c., de poufliere de foie, de diverfes couleurs, collée avec du maftic.

J'ai vu encore, dans une falle à côté de celle dont je viens de parler, des modeles de vaifleaux & celui-de la machine qui fert à la màture. Vous voyés, Monfieur, qu'on n'a rien épargné pour perfectionner l'éducation du jeune Prince, qui a eu furtout pour le moral auffi, comme Vous favés, un excellent inftituteur, l'Abbé *de Condillac,* & auquel le célebre P. *Jacquier* à Rome a donné des leçons de Phyfique.

Nous avons parcouru après cela tous les appartemens du Palais; on les répare tous à neuf, & on n'avoit fini dans aucun encore. On a sagement conservé les belles fresques d'*Augustin Carrache* & du *Cignani,* dont MM. *Cochin* & de LL. font mention. Au plafond de la salle où est la fresque du *Cignani* est une peinture qu'on m'a dit être fort voluptueuse, & qu'on a cachée par un autre tableau.

Au sortir de ce Palais j'allai passer une heure ou deux à la Bibliotheque. Je n'ose pas Vous dire que j'y ai parcouru les lettres de Mad. *du Boccage;* au souvenir de ces charmantes lettres Vous jetteriés les miennes, dénuées de tous les agrémens qui caractérisent celles-là & en font une lecture si attachante. Mr. l'Abbé *Schenoni* me la fit quitter pour profiter de la complaisance qu'il voulut avoir de me montrer les manuscrits qui se conservent dans une des deux chambres attenantes à la grande salle. Voici ce que j'en ai noté.

Un bel Alcoran écrit sur du parchemin qu'on a trouvé dans la tente du grand Visir auquel on fit lever le siege de Vienne en 1683; l'Empereur *Léopold* en fit présent à l'Impératrice, celle-ci à son Confesseur, celui-ci le laissa par testament à ses freres &c. Des œuvres morales de *Confucius,* précieux MS. Chinois. —— Deux beaux livres d'heures anciens, l'un de France, l'autre d'Angleterre, avec beaucoup de peintures & de dorures. —— Sept charmans petits livres intitulés: *Exercices de piété pour chaque jour de la femaine*, écrits fur du parchemin, à Paris, il y a moins de 30 ans & ornés de peintures, de caracteres dorés &c. qui imitent & furpaffent même celles du moyen âge. —— Un recueil de lettres du P. *Foucquet* écrites de Pekin & inftructives pour l'hiftoire de la Chine. —— De beaux exemplaires manufcrits des meilleurs Poëtes Italiens; entr'autres celui des œuvres de *Pétrarque* qu'on prit à François I. après la bataille de Pavie. —— Enfin plufieurs manufcrits licentieux ou blafphématoires; entr'autres le livre de *tribus impoftoribus* à la tête duquel on a réfuté férieufement des gens qui doivent, avec autant de bêtife que d'ignorance, avoir attribué ce livre au R. de P. Je ne me rappelle pas fi cette réfutation étoit de la main du célebre P. *Paciaudi*, ci-devant Bibliothécaire, comme tant d'autres préambules plus inftructifs & plus néceffaires que ce favant a mis à la tête de la plûpart des autres manufcrits; méthode excellente, très propre à rendre de pareils tréfors littéraires plus utiles & que je voudrois voir imitée dans la B. R. de B.

Le 16. Mars.

M. *Faure* le Cadet m'a mené ce matin voir les églifes des *Capucins*, des *Capucines*, de *St. Quintin*, de *Ste. Claire* & de *St. Alexandre*. On vante dans la 1e un crucifix du *Guerchin*, mais ce n'eft fûrement pas un des meilleurs de ce Peintre. Le tableau, fort eftimable, du grand-autel eft *d'Annibal Carrache*, mais pas un autre qui a été attribué au même Maître; on m'a dit qu'il étoit de *Baldalocchio*.

J'ai vu avec plaifir dans cette églife quelques tableaux modernes qui font beaux & qu'on conferve avec foin derniere des rideaux. Deux de ces tableaux font des célébres Vénitiens *Tiepolo* & *Piazetta*; ie troifieme, de *Pittoni* de Vérone: un autre, de *Tagliazucchi* de Borgho; enfin un petit tableau ovale, qui repréfente un Capucin, eft *d'Antoine Ferrari*, bon Peintre de l'Académie de Parme.

C'eft dans cette églife auffi qu'eft le tombeau du grand Guerrier *Alexandre Farnefe*.

Aux Capucines (*Capucine vecchie*) eft un *Guerchin* que je préfere à celui dont je viens de parler. J'y ai vu auffi un beau tableau qui m'a paru peint un peu dans le goût du *Guide* avec cette infcription.

Franc. Carol. Nevlonus
Ds. Pamphilus Milan. f.

Je fuis curieux de favoir qui étoit ce peintre; les voyageurs qui me guident ne parlent pas de ce tableau (*).

St. Alexandre eſt une petite égliſe, mais d'une architecture auſſi noble qu'aucune qui foit à Parme.

Vers le foir M. *Maumari* me mena en cabriolet à *Colorno*, maifon de plaiſance du Duc, à un peu plus de 9 miles d'Italie de Parme. Quoique nous n'euſſions mis que deux heures à faire ce chemin, le jour étoit déjà ſi avancé que la crainte de trouver les portes ferméés au retour, ne nous permit que de faire un tour dans les Jardins. Ils font aſſés vaſtes & ont quelques belles parties, mais trop d'uniformité & tout fur plaine. On a élévé à l'entrée du parc deux piédéſtaux en brique, pour y placer les ſtatues antiques dont M. de LL. parle (T. I. p. 499.) Ces piédéſtaux font hauts de plus de 12 pieds fans compter le bas du faſte d'une colonne cannelée qui porte la ſtatue. L'Hercule étoit déjà dreſſé, mais le Bacchus encore à terre; comme c'eſt la plus mutilée des deux il paroît qu'on

(*) J'ai trouvé depuis dans l'excellent Dictionnaire univerſel des beaux Arts (en allemand) de M. *Fuefstin*, que ce peintre doit être *François Charles Nurolone* dit *Pamphile*, né en 1601; il étoit fils de *Pamphile Nurolone* & prit, de même que fon frere *Jofeph*, le furnom de *Pamphile*, à l'honneur du Pere.

ſonge à la réſtaurer. A quelques pas de là étoit encore un tronc, de la même pierre, qui paroît antique également & fait d'après un homme ni vieux ni fort nerveux.

Le 17. Mars.

Retourné ce matin chés M. *Mathé*, Bernois de nation, qui a un titre de Profeſſeur d'Hydraulique : c'eſt un digne fils d'un fort habile homme qui a été au ſervice de la Cour de Turin pour la Mécanique & l'Hydraulique. Je vis chés lui pluſieurs beaux inſtrumens de Phyſique. Il a donné à ſa machine électrique une force étonnante par divers artifices qu'il a imaginés; elle eſt à plateau & ce disque ſe meut entre deux couſſinets ou frottoirs qui eux-mêmes tournent en même tems que le disque, mais en ſens contraire; de plus ils ont communication avec la barre, ce que M. *Mathé* a trouvé augmenter beaucoup l'effet. Pour la curioſité il joint le tonnerre à l'éclair & à la foudre, en donnant de ſa main, enveloppée dans un mouchoir, des coups ſourds à un chaſſis couvert de deux pieces de parchemin d'un tambour ordinaire, mais peu éloignées l'une de l'autre; l'imitation eſt extrémement naturelle. J'ai vu auſſi chés lui un fort joli modele, en cuivre jaune, de la machine à feu de *Déſaguilliers*,

& celui d'un moulin qu'il a inventé pour faire aller à la fois, avec une feule roue, huit pompes indépendantes l'une de l'autre.

En revenant chés moi je vis monter la garde, & hier au foir en rentrant en ville, à porte fermante, j'avois vu revenir les troupes de quelques exercices; on peut dire réellement que le militaire eft fur un bon pied à Parme.

Après midi: promenade au Stradone, où je trouve rarement du monde; enfuite, avec le P. *Carminati*, à la Chartreufe, à une demi lieue hors de la ville. Les chartreux n'habitent plus le couvent, & je n'ai vu que l'églife, qui toute peinte à frefque a un air gai; feulement ai-je trouvé qu'il y avoit beaucoup trop de jaune. Il y avoit autrefois au maître-autel un tableau célébre de *Paul Véronefe*, mais qu'on a ôté lorfque le couvent a été réformé; les tableaux qu'on a laiffé dans l'églife font médiocres; il n'y a que le plafond & les médaillons dans la facriftie qui méritent quelqu'exception; mais d'un autre côté j'ai vu dans deux chapelles, des copies de la fameufe nuit du *Correge* qui eft à Dresde, & du Tableau du même Maître à l'Académie, fi déteftables que je ne conçois pas comment un gouvernement attentif à veiller aux progrès du goût & à l'honneur de l'état, rélativement aux beaux-arts, peut

souffrir de pareils barbouillages dans un bâtiment public. —

Le 18. Mars.

Peu après huit heures je suis parti avec M.
Maumari pour *Sala,* ancienne maison de plaisance des Ducs de Parme, à la même distance
de la ville, que Colorno, mais d'un côté op-
posé, vers les Montagnes. Nous y arrivâmes
vers $10\frac{1}{2}$. Ce vieux château est composé de
plusieurs anciens bâtimens, sans aucune architecture; mais il est très bien situé, sur une petite hauteur, où l'on jouit d'une vue charmante, & comme avec cela il est au pied d'une
longue suite de collines, le paysage y a beaucoup plus de variété que dans l'ennuyeuse plaine
de la Lombardie. On voit aussi à peu de distance, sur la pente de ces collines, la terre *de
Félino* qui a appartenu au grand Ministre *du
Tiliot* & d'où il a pris le nom de Marquis *de
Félino.*

Le Jardin est peu de chose & manque d'ombre; mais il a un parc, & dans le voisinage
sont encore deux bois, l'un nommé le *petit bois*
l'autre le *grand bois;* & ce sont aussi uniquement ces bois qui attirent quelquefois la Cour
& surtout Mad. l'Infante en ce lieu, pour y
jouir du plaisir de la chasse.

Les appartemens n'ont rien de magnifique : je n'ai vu autre chofe en fait de peinture qui mérite un peu d'attention que quelque plafonds ; & un Chrift mort, fur l'autel de l'oratoire ou de la petite chapelle. Ce tableau eft du *Parmefan* ; il a noirci, mais il ne laiffe pas d'être beau encore.

On montre dans ce château un endroit où l'on prétend qu'a été le puits des rafoirs, pour des exécutions fécretes. On m'a fait voir auffi un réduit où s'étoit enfermé le dernier Duc de Sale, lorfqu'il fut profcrit ; c'eft une petite chambre pratiquée dans l'épaiffeur du mur, & dont la porte joignoit parfaitement & étoit peinte comme la muraille. Le Duc ne laiffa pas d'être pris, & fi je ne me trompe, mis à mort.

Nous revinmes en ville pour le diner ; après lequel le P. *Carminati* me mena à l'Imprimerie Royale, que M. *Bodoni* qui la dirige a établie & mife fur un grand pied, depuis 5 ou 6 ans. Il fait fondre auffi les caracteres chés lui, & pour un fi grand nombre de langues étrangeres & orientales que peu d'Imprimeries en Europe feront en état de montrer un affortiment typographique auffi complet. Outre le fuperbe ouvrage de la defcription des fêtes données pour les nôces de l'Infant, dont j'ai fait mention, & le petit livre en 20 langues dont j'ai parlé le 13, il a donné en 1771, un échantillon de fes vignettes, culs de lampes, lettres initiales &c. qui fait également honneur à fon goût & à fon efprit d'invention & montre à quelle perfection il a porté fa typographie.   Il aura beaucoup de part auffi au magnifique ouvrage qu'on fe propofe de préfenter au Roi de Sardaigne, dont il eft né fujet, & fort heureufement il a dans la perfonne d'un de fes compatriotes, de M. *de Roffi,* Prof. des langues orientales à l'Univerfité, un aide très en état de lui faire faire ufage de fes caracteres étrangers autrement que pour la fimple vue; ce grand littérateur poffédant toutes ces langues ou la plûpart du moins, eft en état de compofer dans chacune quelque morceau que M. *Bodoni* imprime enfuite avec les caracteres du pays même, & en y joignant une traduction en latin ou en italien.   C'eft ainfi que dans l'ouvrage qu'on prépare pour le Roi de Sardaigne, on introduira les 24 principales villes des États de ce monarque faifant un compliment aux nouveaux Epoux, chacune dans une langue différente (*).

(*) On trouvera ces langues fpécifiées à la p. 132. de mes *Zufætze* T. I. où j'indique auffi à la p. 138. quelques ouvrages de M. *de Roffi.* Ce docte Profeffeur a publié depuis un ouvrage *de hebraica Typographiæ origine & Primitiis* &c. Parme 1776. 4. réimprimé à Erlangen in 8. en 1778; & un autre, intitulé: *Specimen ineditæ ac Hexaplaris Bibliorum verfionis fyro-eftrangelæ* &c. edi-

M. *Bodoni* fait aller actuellement six presses; mais il cherche plûtôt à restraindre qu'à étendre sa Typographie. Il paroit disposé surtout à se défaire de ses caracteres orientaux, ayant peu d'espérance de recouvrer les grandes sommes qu'il y a mises, quoiqu'il ait reçu probablement des présens considérables pour les beaux ouvrages présentés à Mgr. l'Infant & qu'il puisse en espérer encore un autre pour celui auquel on travaille (*).

De l'Imprimerie je suis retourné à la Bibliotheque & j'y ai vu quelquesuns des livres imprimés qu'on y conserve avec le plus de soin; par exemple: la Traduction espagnole de *Salluste* par l'Infant D. *Gabriel*, avec des frontispices, culs de lampes &c. très bien gravés par *Carmona*; — Un Recueil peut-être plus rare encore, de 52 estampes assés bien gravées par Mad. de *Pompadour*, sur des dessins faits d'après

des

dit ac *Diatriben de rarissimo Codice ambrosiano præmisit Jo.* BERN DE ROSSI. 1778. Nos Littérateurs même en Allemagne, quelquefois assés difficiles à l'égard des ouvrages étrangers, — je ne parle pas des romans — font beaucoup de cas des ouvrages de M. *de Rossi.*

(*) J'ai lu depuis (je crois que c'est dans les Ephémérides de Rome) qu'en effet la Roi de Sardaigne s'est montré fort généreux à l'égard du Sr. *Bodoni,* lui ayant fait remettre 2 Medailles d'or & 2 ou 3 cens Ducats. L'ouvrage a été présenté à S. M. Sarde encore en 1775.

des Camées. Le *Virgile* & le *la Fontaine* gravés; quantité d'autres ouvrages précieux par les estampes &c.

Passé à l'Académie de peinture pour prendre la liste imprimée des Professeurs & autres membres de cette Académie; MM. *Antoine Ferrari; Joseph Baldrighi; Ant. Bresciano & Domin. Passerini* me paroissent avoir le plus de réputation.

Le P. *Carminati* qui ne m'avoit pas quitté, m'accompagna encore par la ville pour considérer ensemble les déhors de quelques palais; mais ce n'est pas par où la ville brille; les plus belles maisons de Parme, n'ont des façades, si j'en excepte deux ou trois, que dans le goût de celles dont on voit aujourd'hui des rues entieres ornées à Berlin, si .... & ne valent pas les belles façades de quantité de maisons particulieres que le Roi a fait bâtir à Potsdam, ni celles de tant de belles maisons bâties à Berlin avant que nous eussions B...... La vérité veut cependant que je convienne, que les façades des *Palazzi* de Parme ne s'éloignent pas tant d'une noble simplicité, & que la grande place est très belle.

Je terminai ma soirée chés M. *Faure* qui me donna diverses notices littéraires en forme

Tom. III. O

de commentaire fur ce que dit M. de LL. de l'état des Sciences à Parme (*).

Le 29. Mars.

Je fuis retourné ce matin à Colorno, avec Mr. *Maumari*, & j'en ai vu le palais, la réfidence la plus ordinaire de l'Infant Duc de Parme. Ses Appartemens font meublés avec goût

(*) Ces notices font comprifes dans ce que je dis de l'état de la littérature à Parme dans les *Zufœtze* T. I. p. 127-140; je n'y joindrai ici que quelques peu de remarques qui ne fe trouvent pas encore dans ce livre. Le premier Profeffeur d'Anatomie, M. *Michel Gerardi*, eft un homme d'un très grand mérite dans cette partie, au jugement, irrécufable, de feu M. *de Haller* qui a donné un extrait intéreffant de l'ouvrage que j'ai indiqué à la fin de la p. 135, dans les gazettes litt. de Göttingue & qui nomme cet ouvrage excellent. — M. *Mazza* un très bon poete & frere du P. *Mazza* qui a fuccédé au P. *Paciaudi* dans la place de Directeur des antiquités, eft Profeffeur en langue grecque & a publié encore d'autres poëmes après ceux que j'ai indiqués; un entr'autres fur les effets de la mufique. — Le Comte *Ant. Cerati*, du quel j'ai parlé plus haut p. 172. a publié auffi des poefies eftimées fous le nom de *Filandro Cretenfe* & un éloge de l'Abbé *Frugoni* imp. à Padoue 1776. 8. — Le Comte *Gaston Rezzonico* promettoit une édition complete des Oeuvres du même Poete, précédée d'une Diff. fur la poéfie italienne de ce fiecle &c. Enfin Parme ayant produit auffi dans les tems paffés des gens de mérite on fera bien de chercher à voir un ouvrage — du quel je me ferois informé fi j'en avois eu connoiffance: intitulé *Vari Soggetti Parmegiani illuftri &c. da RANVCCIO PICCO.* Parme 1642. 4.

& affés richement, mais avec trop d'uniformité, tous de moire blanc & peint; je n'ai pas vû ceux de Mad. l'Infante; on les dit de plus de pieces, mais meublés dans le même goût; on ne les montre pas quand Elle n'eſt pas à Colorno, — & S. A. R. y eſt rarement. — Je n'ai point obſervé de tableaux fort remarquables. Dans la ſalle de Compagnie s'en trouvent 4 de payſage & de marine, faits en 1759 par *la Croce*, peintre Romain; & dans la chapelle, qui n'a d'ailleurs rien de particulier, eſt une Nativité, petit tableau ſur cuivre qu'on dit du *Correge*, ce que j'ai cependant de la peine à croire vrai. Les planchers ſont beaux, en marbre à marquéterie. Dans la ſalle à manger, d'été, eſt une petite ſtatue équeſtre du feu Roi *Stanislas*, en bronze. Le Théatre, ſur lequel la Cour joue en automne des Comédies & des Operas comiques eſt aſſés joli. J'ai vû dans la Chambre où le Prince fait ſa toilette beaucoup de Mandolines, un Clavecin, & d'autres inſtrumens de muſique qui ſervent à ſon amuſement & à accompagner la belle voix de Mad. l'Infante; j'y ai remarqué auſſi une quantité de cantiques ſacrés ſur de larges rubans de ſatin, imprimés à l'honneur de pluſieurs ſaints pour les jours de leurs fêtes. En général le Duc, grand amateur de la muſique, l'eſt ſurtout de celle d'Egliſe & s'il paroît pren-

dre plaisir quelquefois à la profane, c'est peut-
être plûtôt par complaisance pour son auguste
Epouse, qui pense sans doute — & très sagement — que tout a son tems.

L'église du bourg a quelques tableaux, mais
la plûpart sont mauvais.

Les milles sont marquées sur le beau chemin de Parme à Colorno par des pierres miliaires (*).

Nous fumes de retour pour le dîner, après
lequel j'allai avec ma Cousine entendre une belle musique dans l'église de *S. Joseph*, fort ornée
pour cette fête, de tentures de Damas cra-
moisi, de galons d'or &c. Je fis encore seul
quelques promenades, pour voir le monde Parmesan en gala; je trouvai au Cours une 30e.
de voitures arrêtées tristement de la façon que
Mad. du *Boccage* décrit en parlant du Cours de
Milan, & pour lesquelles on cherchoit des ra-
fraichissemens dans quelques Caffés voisins.

(*) Avec un seul mais bon cheval attelé à notre Cabriolet, nous mettions exactement 13 minutes à faire un
mille; mais il en faut aux *Vetturini* presque toujours
20, comme j'ai remarqué surtout dans l'Etat de l'Eglise
où l'on trouve souvent également de bonnes chaussées &
des pierres miliaires. Les voituriers Piémontois menent
mieux que ceux des autres Provinces d'Italie.

Le 20. Mars.

Vu encore des églises; puis, avec M. *M.* les appartemens de Mgr. l'Infant, en Ville. Ils font meublés affés fimplement & fort uniformément, en damas de couleurs; mais en revanche le garde-meuble royal, que nous vîmes enfuite à la Pilote, contient de quoi meubler avec la derniere magnificence trois ou quatre palais plus grands que celui d'où nous venions. Cette *Guardaroba* confifte en trois immenfes fales, l'une au-deffus de l'autre, remplies des ameublemens & des ornemens les plus riches, dont les uns décoroîent le palais qui a été démoli; d'autres ont fervi dans le palais actuel, lors des Nôces de LL. AA. RR. & fervent encore dans les grandes fêtes; un grand nombre d'autres font venus de Paris pour le Palais que le Mrs. *de Félino* fe propofoit de faire bâtir pour le Souverain, & n'ont jamais été employés. Dans ces Salles ou Galleries j'ai admiré le plus une Toilette magnifique & du meilleur goût, en argent doré au triple, dont L O U I S XV. fit préfent à Mad. l'Infante fa fille lorsqu'elle paffa d'Efpagne à Parme. — Un Chrift crucifié, fait aux Gobelins, d'après un tableau de *Vanloo.* — Un ameublement de velours cramoifi brodé richement en or, qui a coûté un million de livre de Parme. — Un autre brodé de mime en damas cramoifi. — Un autre très riche auffi, & plus élégant pour le goût, dont les appartemens de Mad. l'Infante étoient meublés lors de fon mariage. — Une armoire remplie de girandoles de criftal & de porcelaine. — Une autre remplie des plus jolies figures de porcelaine de Saxe; *Don Philippe* en étoit fort amateur. — Plufieurs fervices de table en belle porcelaine. — Une immenfe quantité de luftres, girandoles, confoles &c. en cuivre doré & de la plus belle façon que M. du *Tillot* avoit été un peu trop preffé de faire venir de Paris pour le palais qui n'a pas été élévé, ainfi que beaucoup de jolis meubles de bois marqueté; même deux globes & une pendule de *le Paute* d'une forme peu commune.

Dans la feconde Gallerie, fi je ne me trompe, étoit auffi une plaifante affemblée de Profeffeurs de l'Univerfité, tous dans leurs habillemens d'ordonnance. Beaucoup de portraits des Maifons de Bourbon & de Savoye, garniffoient auffi les murailles de ces Salles & j'ai vu encore grand nombre d'autres portraits dans deux pieces plus petites au premier étage. Enfin j'ai vu, & ce n'eft pas une des chofes qui m'ait fait le moins de plaifir, j'ai vu dans une chambre de réferve au plein pied, le précieux Tableau de *Paul Véronefe* qui étoit ci-devant dans l'églife

des Chartreux; il eſt peint ſur bois & repréſente l'adoration des Mages; je crois y avoir remarqué beaucoup d'incorrections dans le deſſin,
mais elle m'empêchent pas que ce tableau ne
mérite beaucoup d'attention. Dans la même
chambre étoit encore une copie de ce tableau,
qu'on m'a dit avoir été faite par un neveu de
Paul Véroneſe; elle a des beautés, mais cho-
que un peu par le ton de cire qui y regne (*).

J'allai prendre enſuite M. *Faure* qui me
mena aux Minimes voir les oiſeaux & autres
animaux préparés par le Pere *Fourcaud.* Ce
réligieux, dont vous pouvés avoir entendu parler,
n'étoit pas lui-même à Parme; il ſe trouve actuellement à Rome (**), mais j'ai vu ſon Ca-

(*) En reliſant la p. 473. du T. I. du Voy. de M. *de la
Lande,* je m'apperçois qu'il ne dit pas que l'original ſoit
de *P. Véroneſe,* mais de *Jérome Mazzola* & peint dans
la manière de *P. Véroneſe;* il ne fait pas mention non
plus de la copie, qui pourtant doit être faite depuis
longtems ſi elle eſt d'un neveu de *P. Véroneſe;* j'ai rap-
porté ce que j'ai entendu dire; d'autres pourront prendre des informations ſur ce ſujet: peut-être trouvera-
t-on auſſi quelques éclairciſſemens dans le *Guida ed eſat-
ta notizia a Foreſtieri, delle piu excellenti pitture che
ſono in molte chieſe della città di Parma &c.* del Sig.
Cl. Ruta Parme 1752. j'ai négligé de me le procurer,
fier de poſſéder le grand ouvrage de M. de LL. que je
n'ai acquis en propre qu'à Parme.

(**) Je l'y ai vu, mais il eſt mort peu après. M. *de la
Lande* en parle a la p. 491. — A la même page il fait

binet qui eſt bien la collection d'hiſtoire naturelle la plus propre à amuſer des curieux de toutes les claſſes.   Tous ces animaux ſemblent vivre: des oiſeaux, grands & petits, avec leurs
nids; des chats, des chiens, des lievres, un
daim, des ſouris de toutes couleurs &c.   Les
plus beaux oiſeaux & les plus petits quadrupedes
ſont conſervés ſous de grandes cloches de verre;
pluſieurs auſſi dans de petits récipiens fermés,
tout d'une piece par le bas & n'ayant au haut
qu'une très petite ouverture avec un bouchon,
en ſorte qu'on a de la peine à concevoir comment le P. *Fourcaud* y a pu arranger des nids
d'oiſeaux, y faire entrer & y ſuſpendre de
grands œufs d'autruche & tant d'autres pièces
incomparablement plus grandes que l'orifice;
c'eſt un ſecret qu'il a, dit-on, révélé à l'A-
cadémie des Sciences de Paris; qui ne doit
être publié qu'après ſa mort & qui ne conſiſte
peut-être qu'en une manière fort adroite de
ſoufler le verre, pour fermer presqu'entierement
le bocal après que tout y eſt arrangé (*).

Cinq

mention d'un Apothicaire qui doit avoir formé un très
bel herbier de plantes raſſemblées dans les Alpes: peut-
être eſt ce M. *Ulrici* qu'on m'a dit être un homme de
mérite & ſurtout bon Chymiſte.

(*) On trouve effectivement dans les Mémoires de l'Acad.
des Scienc. de Paris p. l'Année 1770, à la p. 24. de

Cinq ou fix grandes armoires font remplies d'animaux point renfermés dans du verre : bien confervés cependant, quoique pas au même dégré de fraîcheur que ceux auxquels l'air n'a point d'accès. — On ne peut s'empêcher de rire à l'ouverture de celle qui contient un grand orcheftre d'écureuils, de rats, de chats &c. jouant de divers inftrumens, dans des attitudes plaifantes & naturelles en même tems.

Une grande collection d'œufs & de nids & de diverfes autres curiofités, rendent ce cabinet encore plus digne d'attention. — J'y ai vu auffi une bonne copie du *Correge* de l'Académie, faite par un jeune peintre qui eft à Bologne.

Le Couvent des Minimes eft fpacieux. Dans un coin du corridor font tracées, fur la muraille & fur la voûte, un grand nombre de lignes qui forment un Cadran folaire catoptrique ; y ayant devant la fenêtre un petit miroir

l'Hiftoire, une Obf. fur les oifeaux defféchés confervés dans des bocaux dont l'orifice étoit de médiocre grandeur. *Secret dépofé cacheté à l'Académie par le P. Fourcaud*, (c'eft ainfi que l'indique la Table de M. l'Ab. *Rozier*), mais cet écrit, d'une demi-page feulement, ne contient que quelques remarques générales, & je ne fache pas que l'Académie ait ufé encore de la permiffion de dévoiler le myftere après la mort de l'inventeur ; je m'en fuis informé par occafion, en écrivant à un académicien même, mais il ne m'a pas répondu fur cet article....

qui réfléchit la lumiere du Soleil sur ces lignes, à côté desquelles on a indiqué les heures, les signes du Zodiaque & je ne sais plus quoi d'autre encore ; le tout fait une figure fort confuse dont j'aurois défiré de lire une explication, ou du moins de voir l'effet, à quoi le ciel couvert s'opposoit.

En revenant chés moi d'un bon pas, je mis 24 minutes pour arpenter toute la longueur de la *Strada grande*.

Après le dîner, le P. *Carminati* m'a conduit chés M. le D. *Maneci*, Médecin praticien fort eftimé, pour le favoir & pour l'expérience, & qui m'a paru être à tous égards un homme très refpectable. De là je fuis allé chés le Comte *Rezzonico* qui m'a mené chés Mad. ia Marquife *Fogliani* ; comme elle alloit fortir j'ai eu feulement le tems de m'appercevoir que j'avois fujet de regretter que cette vifite, faite fous la porte, eut été fi courte.

Je me fuis fait montrer enfuite de nouveau, dans l'églife du S. Sepulcre, la belle *Madonna della Scodella* du *Correge* ; qu'on eft bien dédommagé de la bagatelle qu'on donne pour faire tirer le rideau ou plûtôt une autre peinture qui la couvre ; qu'on eft frappé agréablement, & même plus encore que la premiere fois, à la vue de cet admirable tableau ! que de peine l'on a de s'en arracher! Cette vierge eſt ſi in-téreſſante, & l'enfant qu'il eſt charmant! je le préfere de beaucoup à celui de la Vierge du St. Jérome, ſeulement y peut-on reprendre que le bras ſoit un peu trop gros. Je ne diſconvien-drai pas non plus que les anges & ſurtout les nuages qui rempliſſent le haut du tableau, tien-nent un peu du barbouillage & font peu d'hon-neur au *Correge*, à moins que cette partie n'ait été retouchée par quelque main mal-habile; quoiqu'il en ſoit, le moelleux & les graces inex-primables répandues ſur la partie principale compenſent amplement ce défaut. — Vis à vis de cet autre chef-d'œuvre du *Correge*. eſt un tableau qu'on voit encore avec plaiſir après ce-lui-là & je ſuis ſurpris que ni M. *Cochin* ni M. *de la Lande* n'en parlent; il eſt de *Jérome Maz-zcla* & tient beaucoup de la maniere de ſon Couſin le célebre *Parmeſan;* c'eſt aſſés dire qu'il eſt fort gracieux & plein de mérite à plu-ſieurs égards.

Retourné à la maiſon j'en ſuis reſorti encore avec M. *Maumari,* fils cadet, pour faire une viſi-te au célebre M. *Petitot;* je n'eus pas le plaiſir de faire ſa connoiſſance, nous ne le trouvámes pas; mais je parcourus ſon *Cours d'architectu-re* imprimé, & un recueil de beaux deſſins de cheminées, de ſon invention; & je vis deſſiner ſes éleves, dont l'un finiſſoit une grande place d'une invention fort noble.

Le 21. Mars.

M. *Mathé*, qui m'a donné à déjeuner ce matin, m'a régalé encore mieux par l'expérience complete du jeu de ſa petite machine à feu; elle a différens acceſſoires qui manquent à celle de Londres, mais le tems & la mémoire me manquent pour vous en rendre compte exactement.

En ſaiſant ma viſite de congé au P. *Bina* j'eus le plaiſir d'entendre une belle muſique d'égliſe à St. Jean & de voir officier l'Abbé des Bénédictins.

La viſite que je fis enſuite au P. *Carminati* me valut également encore un repas pour ma curioſité; ce Savant complaiſant me mena à l'Univerſité, chés le Pere *Cravaſio*, Profeſſeur de Phyſique & d'Hiſtoire naturelle, qui me montre un joli commencement d'un cabinet & d'une collection de livres d'hiſtoire naturelle.

J'ai cherché encore, me trouvant à l'Univerſité, de voir l'obſervatoire dont je vous ai parlé, mais la clef ſe trouva rompue.

Je n'avois pas manqué non plus de m'informer d'une collection d'inſtrumens de Phyſique & d'Aſtronomie que Mr. de LL. dit (p. 489.) devoir ſe trouver chés le Comte *Coſterboza*, mais j'ai eu le regret d'apprendre que cet Amateur étoit mort, sans qu'on ait pu me dire quel a été le fort de fon cabinet.

L'après-dîner, le Comte *della Torre di Rezzonico*, ne m'a pas laiffé non plus prendre congé de lui fans me donner encore une grande marque de fa complaifance & de fon eftime. Il m'a mené chés une des Dames les plus aimables & les plus diftinguées de Parme, Mad. la Comteffe de *San Vitale*. Je gagnai par une plus longue converfation avec cette Dame, qui a beaucoup d'efprit, à ne pas voir la gallerie de Tableaux qui orne fon palais; le Concierge qui en a la clef, ne s'étant pas trouvé au logis. Cette Collection cependant doit être très-belle, fuivant ce que différentes perfonnes m'ont dit; elle peut d'ailleurs Vous être connue par un tableau, fi je ne me trompe, du *Guerchin*, que *Strange* a gravé; preuve que déjà pour ce tableau feul la gallerie mériteroit une Courfe; mais la Comteffe m'a fait l'honneur de me dire que fon époux en a auffi de *L. da Vinci*, du *Parmefan*, des *Carraches* & d'autres grands maîtres, & qu'il y en même un qu'on foupçonne être du *Correge*; elle ajoûta qu'à leur Terre de *Fontanellato* (dont Mr. *de la Lande* fait mention à la p. 500.) eft une très belle fresque du *Parmefan*, mais négligée parce qu'après des changemens faits dans la maison elle se trouve dans un réduit écarté.

Après une seconde tentative inutile pour faire la connoiffance de Mr. *Petitot*, je revis pour la troifieme fois la belle *Madonna della Scodella* avec d'autres étrangers que j'avois vu entrer dans l'églife, & je ne pouvois mieux finir mon féjour à Parme que par ce dernier hommage au grand Artifte qui aujourd'hui illuftre le plus cette ville, ou du moins y attire presqu'uniquement la plûpart des Voyageurs (*).

C'eft à demain matin qu'eft fixé mon départ pour la *Ville* & peu d'heures après, cette lettre prendra une route tout oppofée, avec quelques matériaux que j'ai mis au net ici pour nos Ephémérides. J'efpere de pouvoir recevoir du moins une fois de vos nouvelles dans ces contrées, avant mon retour en Suiffe. &c.

(*) J'aurai occafion de parler encore de Parme dans la suite, y ayant repaffé à mon retour de Rome.

9 782019 154356